단계별로 실력을 키워가는

うきうき
우 키 우 키
일본어

下

단계별로 실력을 키워 가는
new 우키우키 일본어 下

지은이 강경자
감수자 온즈카 치요(恩塚千代)
펴낸이 임상진
펴낸곳 (주)넥서스

초판 1쇄 발행 2006년 7월 20일
초판 27쇄 발행 2015년 11월 20일

2판 1쇄 발행 2016년 3월 25일
2판 18쇄 발행 2024년 6월 10일

출판신고 1992년 4월 3일 제311-2002-2호
주소 10880 경기도 파주시 지목로 5
전화 (02)330-5500 팩스 (02)330-5555

ISBN 979-11-5752-706-9 14730
(SET) 979-11-5752-704-5 14730

가격은 뒤표지에 있습니다.
잘못 만들어진 책은 구입처에서 바꾸어 드립니다.

본 책은 『new 우키우키 일본어 STEP 3』과
『new 우키우키 일본어 STEP 4』를 합본한 것입니다.

이 도서의 국립중앙도서관 출판예정도서목록(CIP)은
서지정보유통지원시스템 홈페이지(http://seoji.nl.go.kr)와
국가자료공동목록시스템(http://www.nl.go.kr/kolisnet)에서 이용하실 수 있습니다.
(CIP제어번호 : CIP2016007232)

www.nexusbook.com

단계별로 실력을 키워가는

NEW うきうき 일본어 下

우 키 우 키

강경자 지음 · 온즈카 치요 감수

넥서스 JAPANESE

첫머리에

어떻게 하면 쉽고 재미있게 일본어를 배울 수 있을까? 어떻게 하면 어디서든 인정받을 만한 완벽한 일본어 실력을 갖출 수 있을까? 현재 일본어를 배우고 있는 학습자나 앞으로 배우고자 하는 사람들에겐 영원한 숙제와도 같은 질문일 것입니다.

필자는 온 · 오프라인을 통해 오랫동안 일본어를 가르쳐 오면서 역시 이와 비슷한 의문을 가지고 있었습니다. 어떻게 하면 쉽고 재미있게 일본어를 가르쳐줄 수 있을까? 문법을 기초부터 탄탄하게 다져주면서 네이티브 같은 회화 감각을 길러주고, 게다가 어떤 표현도 자신있게 말할 수 있는 풍부한 어휘와 한자 실력까지 갖추도록 도와주고 싶은 마음이 간절하였습니다.

요즘은 예전에 비해서 좋은 교재들이 많이 출간되었고 여러 학원이나 학교에서 검증된 교재를 채택하여 사용하고 있지만, 막상 일본어를 학습하거나 가르치기 위해 좋은 책을 추천해 달라는 부탁을 받으면 고민하게 되는 것이 사실입니다. 왜냐하면 나름대로의 장점을 가지고 있는 일본어 교재는 많이 있지만, 완벽하게 일본어 학습상의 필요를 충족시켜 주는 체계적인 교재는 별로 없기 때문입니다.

일본어는 한국어와 여러 면에서 비슷한 언어 특성상 다른 언어에 비해 보다 쉽게 배울 수 있음에도, 효과적으로 일본어를 배우거나 가르칠 수 있는 교재는 많지 않았습니다. 예를 들어 회화는 연습이 중요한데, 간단한 문형 연습이 있는 교재는 많아도 기초 문법을 활용하여 실제 회화 연습을 할 수 있는 교재는 거의 없었습니다. 또한 일본어 학습자들이 가장 어려워하는 한자의 경우, 한자를 차근차근 익힐 수 있도록 한 교재는 참 드물었습니다. 더구나 요즘에는 쉽고 편한 길을 좋아하는 사람들의 심리를 이용하여 몇 마디 표현만 그때그때 익히도록 하는 흥미 위주의 교재도 눈에 많이 띄었습니다.

이러한 현실 속에서 조금이나마 일본어 학습과 교육에 도움이 되고자 하는 바람에서 이 책을 쓰게 되었습니다. 교재가 완성되어 가는 과정을 보면서 역시 부족한 점이 눈에 띄고 아쉬움이 많이 남지만, 기초 문법을 탄탄히 다지면서 실전 회화 감각을 익힐 수 있는 학습자들을 배려한 최고의 교재임을 자부합니다.

아무쪼록 이 교재가 일본어를 가르치거나 배우는 모든 분들에게 참으로 유익한 책이 되길 간절히 바라며, 끝으로 이 책이 출판되기까지 애써 주신 넥서스저패니즈의 여러 관계자 분들께 감사드립니다.

강경자

추천의 글

본 『우키우키 일본어』 시리즈는 주로 일본어 학원에서 쓰일 것을 염두에 두고 만들어졌으며, 등장인물은 회사원으로 설정되어 있다. 따라서, 각 과의 회화문은 대학 수업용으로 만들어진 교과서에 자주 나오는 학생과 학교 활동이 중심이 된 회화가 아닌, 일반적이고 보편적인 내용으로 구성되어 있다. 그래서 회사원은 물론이고 학생, 주부에 이르기까지 일본어를 처음 배우는 사람이 실제로 쓸 수 있는 표현을 단시간에 몸에 익힐 수 있도록 되어 있다.

본 교재는 기본적으로는 문형과 표현을 중심으로 명사문, 형용사문(い형용사·な형용사), 동사문과 기초 문법에 따라 차례대로 학습해 가도록 구성되어 있고, 각 과별로 다양한 장면을 설정한 연습문제와 FUN&TALK라는 자유로운 형식의 회화 연습문제도 있다. 즉, 일방적인 전달식 강의용 교재가 아니라 적극적으로 회화에 참가할 수 있도록 배려하여 강사의 교재 활용에 따라 수업 활동을 더욱 활발하게 전개시킬 수 있을 것이다.

또한, 본 교재의 특징으로 회화 안에서 사용되고 있는 어휘가 실제로 일본에서 쓰이고 있는 일상용어라는 점에 주목하고 싶다. 원래 교과서에서는 '휴대전화(携帯電話)'나 '디지털카메라(デジタルカメラ)'와 같은 생략되지 않은 사전 표제어 같은 형태가 제시되는 것이 기본이지만, 본 교재는 학습자가 일본인이 실제로 회화에서 쓰는 말을 알고 싶어하는 요구를 반영하여 'ケータイ', 'デジカメ'와 같은 준말 형태의 외래어(가타카나어)를 제시하였다.

이 교재만의 두드러지는 특징 가운데 또 하나는 일본어 초급 교재에서는 잘 볼 수 없는 한자와 외래어(가타카나어) 쓰기 연습이 제공되고 있다는 점이다. 한국어를 모국어로 하는 학습자는 비교적 일본어 학습 능력이 뛰어나다고 할 수 있으나 한자나 가타카나 표기가 서투르거나 잘 모르는 경우가 많다. 수업 중에 짬짬이 이러한 표기법이나 한자의 의미 등을 접할 기회를 고려하고 있는 점이 본 교재의 새롭고 뛰어난 점이라고 말할 수 있을 것이다.

덧붙여, 각 과마다 재미있는 삽화를 넣어 학습자가 학습 내용을 보다 쉽게 이해하고, 학습 의욕을 불러일으킬 수 있도록 하였다.

이처럼 다양한 학습상의 배려가 돋보이는 교재라는 점을 고려하여 많은 학원과 학교에서 쓰이기를 권한다.

恩塚 千代

구성과 특징

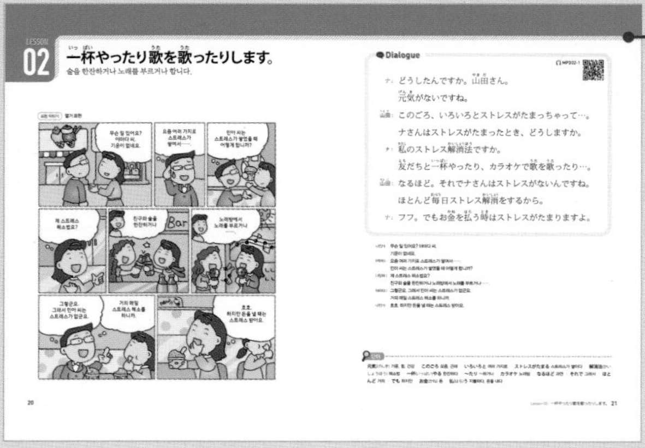

Dialogue

일상생활에서 흔히 접할 수 있는 주제를 중심으로 한 실제 회화로 이루어져 있습니다. 이 본문 회화에는 우리가 반드시 알아야 할 기초 문법과 어휘가 들어 있어서 자연스럽게 어휘, 문법, 회화를 동시에 익힐 수 있습니다. 무엇보다 처음 접하는 본문의 어려움을 최소화하기 위해서 본문 내용을 만화로 보여줌으로써 보다 재미있고 쉽게 공부할 수 있도록 배려하였습니다.

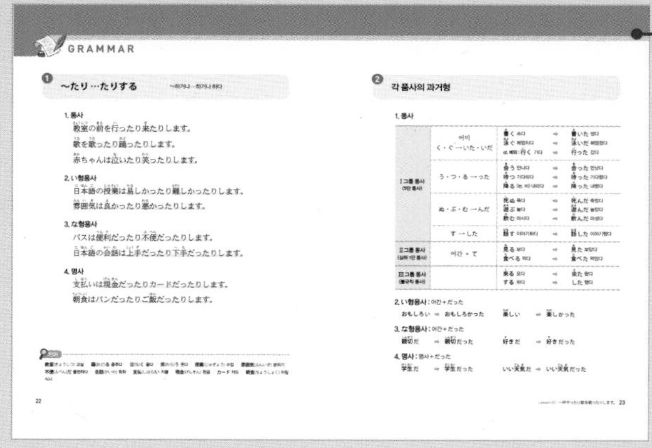

Grammar

문법과 문형 파트에선 Dialogue에 나온 기초 문법을 보다 더 체계적이고 꼼꼼하게 학습할 수 있도록 예문을 제시하되 중요 문법인 경우 각 품사별 문형을 보여줌으로써 정확한 문법의 이해를 돕고 있습니다. 새로운 단어의 경우 어휘 풀이를 넣어 스스로 예문을 해석할 수 있도록 하였습니다.

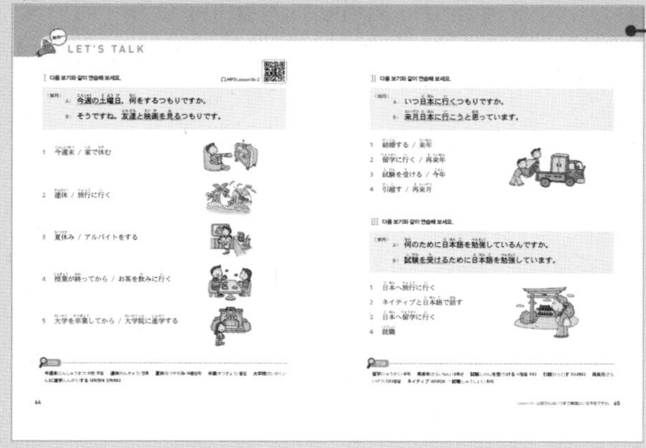

Let's Talk

이 교재의 가장 큰 특징 중의 하나는 본문과 문법 파트를 통해 익힌 문법과 회화 감각을 최대한 길러 주는 회화 연습이 풍부하다는 것입니다. 대부분의 일본어 기초 교재가 단순한 문형 연습에 그친 것에 반해 이 책의 회화 연습 코너는 쉽고 재미있는 문제를 풍부하게 제공하고 있어 단시간에 문법과 회화를 자신의 것으로 만들 수 있는 장점이 있습니다. 또한 연습 문제를 청취 연습으로도 활용할 수 있게 함으로써 소홀해지기 쉬운 청취 부분을 더욱 강화하였습니다. 이를 통해 말하고 듣는 훈련 과정을 최대한 쉽게 소화해 낼 수 있도록 하였습니다.

うきうき
우 키 우 키
일본어

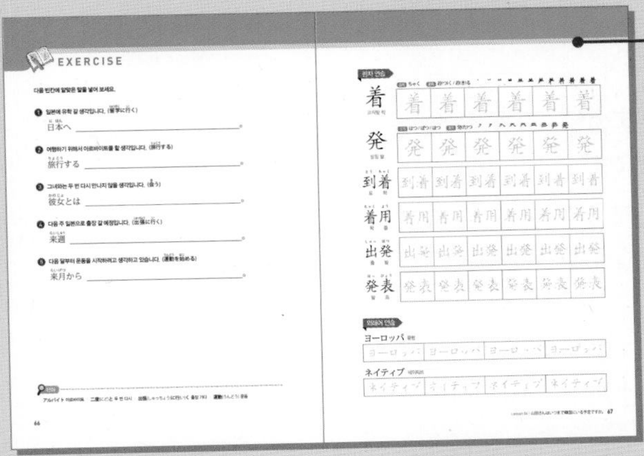

Exercise

각 과마다 작문 문제를 5개씩 담았습니다. 각 과에서 학습한 주요 문법을 활용하여 기초적인 표현을 다시 짚어 봄으로써 읽고 말하고 듣고 쓸 수 있는 능력을 기를 수 있도록 하였습니다.

일본어 한자의 음독 · 훈독을 확인하고 쓰기 연습을 함으로써, 한자에 대한 기초 실력을 처음부터 탄탄히 쌓아갈 수 있도록 하였습니다. 난이도는 일본어능력시험 N3~N4 정도의 수준을 기준으로 하여 시험에도 자주 출제되는 중요하고 기초적인 한자입니다.

외래어 역시 최근에 들어서는 그 중요성이 더욱 강조되고 있는 만큼 1과~9과까지는 3개씩, 10과~18과까지는 2개씩 수록하여 외래어를 확실하게 익힐 수 있습니다.

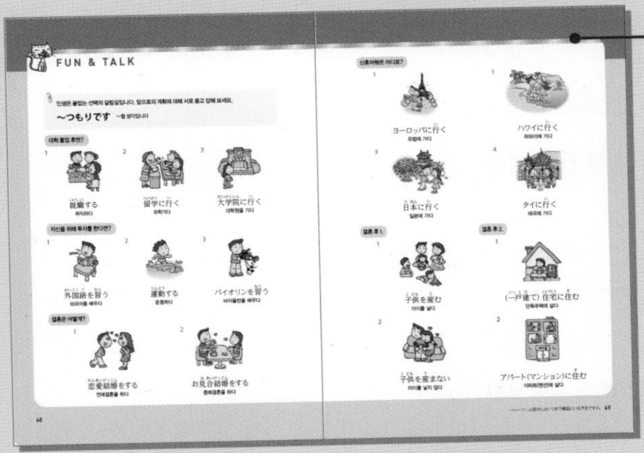

Fun & Talk

마지막 파트에는 게임처럼 즐기며 자유롭게 회화를 할 수 있는 코너입니다. 이는 일반적으로 한인 회화 연습 시간에 사용되는 게임식 회화 자료로서, 기초 문법과 회화 연습을 마친 학습자의 경우 충분히 활용해 볼 수 있는 코너입니다. 이 코너를 통해 상황에 맞는 유창한 일본어 회화 실력을 재미있게 키워 나갈 수 있을 것입니다.

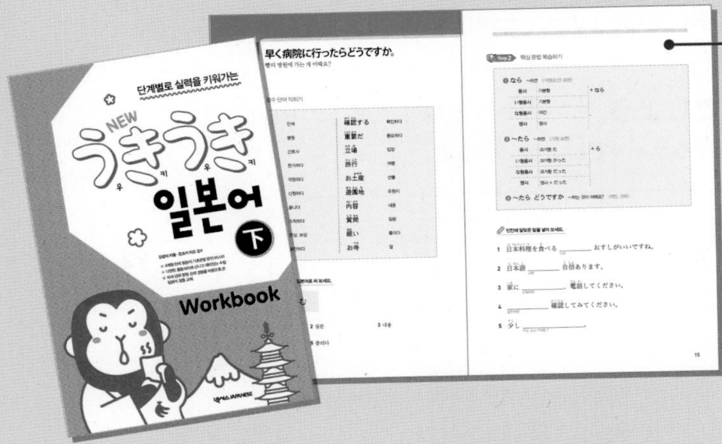

Workbook

각 Lesson에서 배운 단어, 문법, 회화 표현을 확인할 수 있도록 워크북을 별책으로 제공합니다. 문제를 풀면서 실력을 확인해 보세요.

차례

LESSON 01

ちょっとケータイを借(か)りてもいいですか。

잠깐 휴대폰을 빌려도 될까요?

표현 익히기 허가 표현 ～てもいいです / 금지 표현 ～てはいけません, ～てはだめです

Dialogue

MP3 01-1

姜(カン): 山田(やまだ)さん、ちょっとケータイを借(か)りてもいいですか。

山田(やまだ): いいですよ。どうぞ。
姜(カン)さんのケータイはどうしたんですか。

姜(カン): 実(じつ)はこの前(まえ)、居酒屋(いざかや)でお酒(さけ)を飲(の)んで…。

山田(やまだ): あ、どこかに落(おと)してしまったんですね。

姜(カン): ハハ。当(あた)り！ そうなんです。
新(あたら)しいケータイがほしいんですけど、かなり高(たか)いですね。

山田(やまだ): でも、安(やす)いのもあるんじゃないですか。

姜(カン): もちろん、ありますよ。
でも、高(たか)くてもいいですから最新型(さいしんがた)がほしいです。

山田(やまだ): だからいつも赤字(あかじ)なんですよ。姜(カン)さんは…。

강한척: 야마다 씨, 잠깐 휴대폰을 빌려도 될까요?
야마다: 네, 쓰세요.
한척 씨 휴대폰은 어떻게 하신 거죠?
강한척: 실은 저번에 술집에서 술을 마시고서…….
야마다: 아~, 어딘가에서 잃어버리고 말았군요.
강한척: 하하. 정답! 그렇습니다.
새 휴대폰을 갖고 싶은데 꽤 비싸네요.
야마다: 하지만 싼 것도 있지 않나요?
강한척: 물론 있지요.
하지만 비싸도 좋으니까 최신형을 갖고 싶어요.
야마다: 그러니까 항상 적자인 거예요. 한척 씨는….

단어

ケータイ 휴대폰 | **借**(か)**りる** 빌리다 | **実**(じつ)**は** 실은 | **この前**(まえ) 전번, 요전 | **居酒屋**(いざかや) 술집 | **どこかに** 어딘가에 | **落**(おと)**す** 떨어뜨리다, 잃어버리다 | **当**(あた)**り** 맞음, 명중 | **新**(あたら)**しい** 새롭다 | **ほしい** 갖고 싶다 | **かなり** 꽤, 상당히 | **高**(たか)**い** 비싸다 | **でも** 하지만 | **安**(やす)**い** 싸다 | **最新型**(さいしんがた) 최신형 | **だから** 그러니까 | **いつも** 항상 | **赤字**(あかじ) 적자

GRAMMAR

1 ～てもいいです

～해도 좋습니다 〈허가〉

❶ 동사

インターネットで申(もう)し込(こ)んでもいいです。

予約(よやく)をキャンセルしてもいいです。

❷ い형용사

サイズは小(ちい)さくてもいいです。

部屋(へや)は狭(せま)くてもいいです。

❸ な형용사

交通(こうつう)は少(すこ)し不便(ふべん)でもいいです。

料理(りょうり)は下手(へた)でもいいです。

❹ 명사

安(やす)い物(もの)でもいいです。

中古車(ちゅうこしゃ)でもいいです。

❺ 의문사

何(なん)でもいいです。

いつでもいいです。

だれでもいいです。

단어

インターネット 인터넷 | **申**(もう)**し込**(こ)**む** 신청하다 | **予約**(よやく) 예약 | **キャンセルする** 취소하다 | **サイズ** 사이즈 | **狭**(せま)**い** 좁다 | **交通**(こうつう) 교통 | **少**(すこ)**し** 좀, 조금 | **不便**(ふべん)**だ** 불편하다 | **中古車**(ちゅうこしゃ) 중고차

2 ～てはいけません ～てはだめです

～해서는 안 됩니다 〈금지〉

❶ **동사**

危(あぶ)ない所(ところ)に行(い)ってはいけません。(= てはだめです)

うそをついてはいけません。(= てはだめです)

❷ **い형용사**

値段(ねだん)は高(たか)くてはいけません。(= てはだめです)

駅(えき)が遠(とお)くてはいけません。(= てはだめです)

❸ **な형용사**

交通(こうつう)が不便(ふべん)ではいけません。(= ではだめです)

日本語(にほんご)が下手(へた)ではいけません。(= ではだめです)

❹ **명사**

古(ふる)いモデルではいけません。(= だめです)

この成績(せいせき)ではいけません。(= ではだめです)

단어

危(あぶ)**ない** 위험하다 | **所**(ところ) 곳, 장소 | **うそをつく** 거짓말을 하다 | **値段**(ねだん) 가격 | **駅**(えき) 역 | **遠**(とお)**い** 멀다 | **モデル** 모델 | **成績**(せいせき) 성적

あの…

LET'S TALK

I 다음 보기와 같이 연습해 보세요.

MP3 Lesson 01-2

| 보기 |

A: ここでタバコを吸ってもいいですか。

B: いいえ、タバコを吸ってはいけません。

1 教室でお酒を飲む

2 2～3日会社を休む

3 全部食べる

4 ここで写真を撮る

5 授業中、韓国語で話す

단어

タバコを吸(す)**う** 담배를 피우다 | **教室**(きょうしつ) 교실 | **お酒**(さけ)**を飲**(の)**む** 술을 마시다 | **休**(やす)**む** 쉬다 | **全部**(ぜんぶ) 전부 | **写真**(しゃしん)**を撮**(と)**る** 사진을 찍다 | **授業中**(じゅぎょうちゅう) 수업 중

Ⅱ 다음 보기와 같이 연습해 보세요.

| 보기 |
A: 写真(しゃしん)を見(み)てもいいですか。
B: はい、いいですよ。/
いいえ、いけません。

1 遊(あそ)びに行(い)く

2 ドアを開(あ)ける

3 デザインが古(ふる)い

4 日本語(にほんご)が下手(へた)だ

5 安(やす)いプレゼント

단어

遊(あそ)ぶ 놀다 | ドア 문 | 開(あ)ける 열다 | デザイン 디자인 | 古(ふる)い 낡다, 오래되다 | プレゼント 선물

EXERCISE

다음 빈칸에 알맞은 말을 넣어 보세요.

❶ 언제든지 놀러 와도 좋습니다.

いつでも ______________________

❷ 무엇이든 사용해도 됩니다.

何(なん)でも ______________________

❸ 결석하면 안 됩니다.

欠席(けっせき) ______________________

❹ 술을 마시고 운전해서는 안 됩니다.

お酒(さけ)を ______________________

❺ 돈이 없어도 됩니다.

お金(かね)が ______________________

단어

何(なん)**でも** 무엇이든 | **使**(つか)**う** 사용하다 | **欠席**(けっせき) 결석 | **運転**(うんてん) 운전 | **ない** 없다

한자 연습

高
음독 こう 훈독 高(たか)い
높을 고

休
음독 きゅう 훈독 休(やす)む
쉴 휴

高速(こうそく)
고속

高級(こうきゅう)
고급

休暇(きゅうか)
휴가

休日(きゅうじつ)
휴일

외래어 연습

キャンセル 취소

デザイン 디자인

FUN & TALK

지금은 수업 중입니다. 역할을 정하여 수업 중에 해도 되는 것과 해서는 안 되는 것에 대해 얘기해 보세요.

電話(でんわ)をする
전화를 하다
お酒(さけ)を飲(の)む
술을 마시다
タバコを吸(す)う
담배를 피우다
質問(しつもん)する
질문하다
踊(おど)る
춤추다
いたずらをする
장난치다
漫画(まんが)を読(よ)む
만화를 보다
となりの人(ひと)と話(はな)す
옆 사람과 이야기하다
お弁当(べんとう)を食(た)べる
도시락을 먹다
Beer
Beer

LESSON 02

一杯(いっぱい)やったり歌(うた)を歌(うた)ったりします。

술을 한잔하거나 노래를 부르거나 합니다.

표현 익히기 열거 표현 **～たり…たりする** / 각 품사의 과거형

무슨 일 있어요, 야마다 씨? 기운이 없네요.
요즘 여러 가지로 스트레스가 쌓여서…….
민아 씨는 스트레스가 쌓였을 때 어떻게 합니까?
제 스트레스 해소법이요?
친구와 술을 한잔하거나
Bar
Beer
Beer
노래방에서 노래를 부르거나 …….
그렇군요. 그래서 민아 씨는 스트레스가 없군요.
거의 매일 스트레스 해소를 하니까.
new
호호. 하지만 돈을 낼 때는 스트레스 받아요.

Dialogue

MP3 02-1

ナ： どうしたんですか、山田(やまだ)さん？
元気(げんき)がないですね。

山田(やまだ)： このごろ、いろいろとストレスがたまっちゃって…。
ナさんはストレスがたまった時(とき)、どうしますか。

ナ： 私(わたし)のストレス解消法(かいしょうほう)ですか。
友(とも)だちと一杯(いっぱい)やったり、カラオケで歌(うた)を歌(うた)ったり…。

山田(やまだ)： なるほど。それでナさんはストレスがないんですね。
ほとんど毎日(まいにち)ストレス解消(かいしょう)をするから。

ナ： フフ。でもお金(かね)を払(はら)う時(とき)はストレスがたまりますよ。

나민아： 무슨 일 있어요, 야마다 씨?
기운이 없네요.

야마다： 요즘 여러 가지로 스트레스가 쌓여서…….
민아 씨는 스트레스가 쌓였을 때 어떻게 합니까?

나민아： 제 스트레스 해소법이요?
친구와 술을 한잔하거나 노래방에서 노래를 부르거나…….

야마다： 그렇군요. 그래서 민아 씨는 스트레스가 없군요.
거의 매일 스트레스 해소를 하니까.

나민아： 호호. 하지만 돈을 낼 때는 스트레스 받아요.

단어

元気(げんき) 기운, 힘, 건강 | **このごろ** 요즘, 근래 | **いろいろと** 여러 가지로 | **ストレスがたまる** 스트레스가 쌓이다 | **解消法**(かいしょうほう) 해소법 | **一杯**(いっぱい)**やる** 한잔하다 | **～たり** ~하거나 | **カラオケ** 노래방 | **なるほど** 과연 | **それで** 그래서 | **ほとんど** 거의 | **でも** 하지만 | **お金**(かね) 돈 | **払**(はら)**う** 돈을 내다, 지불하다

GRAMMAR

1 ～たり…たりする　～하거나 …하거나 하다

❶ 동사

教室の前を行ったり来たりします。

歌を歌ったり踊ったりします。

赤ちゃんは泣いたり笑ったりします。

❷ い형용사

日本語の授業は易しかったり難しかったりします。

雰囲気は良かったり悪かったりします。

❸ な형용사

バスは便利だったり不便だったりします。

日本語の会話は上手だったり下手だったりします。

❹ 명사

支払いは現金だったりカードだったりします。

朝食はパンだったりご飯だったりします。

단어

教室(きょうしつ) 교실 | **踊**(おど)**る** 춤추다 | **赤**(あか)**ちゃん** 아기 | **泣**(な)**く** 울다 | **笑**(わら)**う** 웃다 | **授業**(じゅぎょう) 수업 | **雰囲気**(ふんいき) 분위기 | **不便**(ふべん)**だ** 불편하다 | **会話**(かいわ) 회화 | **支払**(しはら)**い** 지불 | **現金**(げんきん) 현금 | **カード** 카드 | **朝食**(ちょうしょく) 아침식사

2 각 품사의 과거형

❶ 동사

Ⅰ그룹 동사 (5단 동사)	어미 く・ぐ → いた・いだ	書(か)く 쓰다	➡	書(か)いた 썼다
		泳(およ)ぐ 헤엄치다	➡	泳(およ)いだ 헤엄쳤다
		예외 行(い)く 가다	➡	行(い)った 갔다
	う・つ・る → った	会(あ)う 만나다	➡	会(あ)った 만났다
		待(ま)つ 기다리다	➡	待(ま)った 기다렸다
		降(ふ)る (눈, 비) 내리다	➡	降(ふ)った 내렸다
	ぬ・ぶ・む → んだ	死(し)ぬ 죽다	➡	死(し)んだ 죽었다
		遊(あそ)ぶ 놀다	➡	遊(あそ)んだ 놀았다
		飲(の)む 마시다	➡	飲(の)んだ 마셨다
	す → した	話(はな)す 이야기하다	➡	話(はな)した 이야기했다
Ⅱ그룹 동사 (상하 1단 동사)	어간 + て	見(み)る 보다	➡	見(み)た 보았다
		食(た)べる 먹다	➡	食(た)べた 먹었다
Ⅲ그룹 동사 (불규칙 동사)		来(く)る 오다	➡	来(き)た 왔다
		する 하다	➡	した 했다

❷ い형용사 : 어간＋だった

おもしろい ➡ おもしろかった　　楽(たの)しい ➡ 楽(たの)しかった

❸ な형용사 : 어간＋だった

親切(しんせつ)だ ➡ 親切(しんせつ)だった　　好(す)きだ ➡ 好(す)きだった

❹ 명사 : 명사＋だった

学生(がくせい)だ ➡ 学生(がくせい)だった　　いい天気(てんき)だ ➡ いい天気(てんき)だった

あの… LET'S TALK

Ⅰ 다음 그림을 보면서 연습해 보세요.

MP3 Lesson 02-2

| 보기 |

A: 暇(ひま)な時(とき)、何(なに)をしますか。

B: 映画(えいが)を見(み)たり、友(とも)だちに会(あ)ったりします。

1 インターネットをする / ゲームをする

2 本(ほん)を読(よ)む / 音楽(おんがく)を聞(き)く

3 お酒(さけ)を飲(の)む / タバコを吸(す)う

4 テレビを見(み)る / ごろごろする

5 買(か)い物(もの)をする / 料理(りょうり)を作(つく)る

단어

インターネットをする 인터넷을 하다 | **ゲームをする** 게임을 하다 | **タバコを吸(す)う** 담배를 피우다 | **ごろごろする** 빈둥거리다 | **買(か)い物(もの)をする** 쇼핑을 하다, 물건을 사다

Ⅱ 다음 보기와 같이 연습해 보세요.

| 보기 |

A: 日本語(にほんご)の授業(じゅぎょう)はどうですか。

B: 面白(おもしろ)かったりつまらなかったりします。

1 日本語(にほんご)の授業(じゅぎょう) / 易(やさ)しい / 難(むずか)しい

2 成績(せいせき) / 良(よ)い / 悪(わる)い

3 天気(てんき) / 暖(あたた)かい / 寒(さむ)い

4 日本語(にほんご)の会話(かいわ) / 上手(じょうず)だ / 下手(へた)だ

5 クラスの雰囲気(ふんいき) / 静(しず)かだ / 賑(にぎ)やかだ

단어

授業(じゅぎょう) 수업 | **易**(やさ)**しい** 쉽다 | **難**(むずか)**しい** 어렵다 | **成績**(せいせき) 성적 | **上手**(じょうず)**だ** 능숙하다, 잘하다 | **下手**(へた)**だ** 서투르다, 잘 못하다 | **雰囲気**(ふんいき) 분위기 | **静**(しず)**かだ** 조용하다 | **賑**(にぎ)**やかだ** 번화하다

Ⅲ 다음 그림을 보면서 연습해 보세요.

|보기|

A: 図書館(としょかん)では何(なに)をしますか。

B: 本(ほん)を借(か)りたり勉強(べんきょう)したりします。

1 公園(こうえん) / 散歩(さんぽ)する / デートをする

2 カラオケ / 歌(うた)を歌(うた)う / 踊(おど)る

3 喫茶店(きっさてん) / コーヒーを飲(の)む / 友達(ともだち)に会(あ)う

4 コンビニ / カップラーメンを食(た)べる / お菓子(かし)を買(か)う

5 郵便局(ゆうびんきょく) / 手紙(てがみ)を出(だ)す / 小包(こづつみ)を送(おく)る

6 教室(きょうしつ) / 勉強(べんきょう)する / お弁当(べんとう)を食(た)べる

단어

公園(こうえん) 공원 | **散歩**(さんぽ)**する** 산책하다 | **デートをする** 데이트를 하다 | **喫茶店**(きっさてん) 찻집 | **コンビニ** 편의점 | **カップラーメン** 컵라면 | **お菓子**(かし) 과자 | **郵便局**(ゆうびんきょく) 우체국 | **手紙**(てがみ)**を出**(だ)**す** 편지를 부치다 | **小包**(こづつみ)**を送**(おく)**る** 소포를 보내다 | **教室**(きょうしつ) 교실 | **お弁当**(べんとう) 도시락

EXERCISE

다음 빈칸에 알맞은 말을 넣어 보세요.

1. 아기가 울기도 하고 웃기도 합니다. (泣(な)く / 笑(わら)う)

   赤(あか)ちゃんが ＿＿＿＿＿＿＿＿＿＿＿＿＿＿＿＿

2. 성적이 오르기도 하고 내려가기도 합니다. (上(あ)がる / 下(さ)がる)

   成績(せいせき)が ＿＿＿＿＿＿＿＿＿＿＿＿＿＿＿＿

3. 드라마는 재미있기도 하고 시시하기도 합니다. (面白(おもしろ)い / つまらない)

   ドラマは ＿＿＿＿＿＿＿＿＿＿＿＿＿＿＿＿

4. 사람에 따라 친절하기도 하고 불친절하기도 합니다. (親切(しんせつ)だ / 不親切(ふしんせつ)だ)

   人(ひと)によって ＿＿＿＿＿＿＿＿＿＿＿＿＿＿＿＿

5. 교통수단은 전철이기도 하고 버스이기도 합니다. (電車(でんしゃ) / バス)

   交通手段(こうつうしゅだん)は ＿＿＿＿＿＿＿＿＿＿＿＿＿＿＿＿

단어

赤(あか)**ちゃん** 아기 | **泣**(な)**く** 울다 | **笑**(わら)**う** 웃다 | **成績**(せいせき) 성적 | **上**(あ)**がる** 올라가다 | **下**(さ)**がる** 내려가다 | **ドラマ** 드라마 | **つまらない** 시시하다 | **~によって** ~에 의해 | **不親切**(ふしんせつ)**だ** 불친절하다 | **交通手段**(こうつうしゅだん) 교통수단 | **電車**(でんしゃ) 전철

EXERCISE

한자 연습

作
만들 작

음독 さく / さ / さっ 훈독 作(つく)る ノ イ 仆 个 作 作 作

作	作	作	作	作	作

教
가르칠 교

음독 きょう 훈독 教(おし)える 一 十 土 耂 耂 孝 孝 孝 教 教 教

教	教	教	教	教	教

さく ぶん
作文
작 문

作文	作文	作文	作文	作文	作文

さっ か
作家
작 가

作家	作家	作家	作家	作家	作家

きょう しつ
教室
교 실

教室	教室	教室	教室	教室	教室

きょう いく
教育
교 육

教育	教育	教育	教育	教育	教育

외래어 연습

ストレス 스트레스

ストレス	ストレス	ストレス	ストレス

プレゼント 선물

プレゼント	プレゼント	プレゼント	プレゼント

FUN & TALK

다음 그림을 보면서 질문하는 사람이 동작을 나타내는 표현을 말하면
듣는 사람은 그에 해당하는 장소를 말해 보세요.

ここでは買(か)い物(もの)をしたり食事(しょくじ)をしたりします。
ここはどこですか。

図書館(としょかん)
도서관

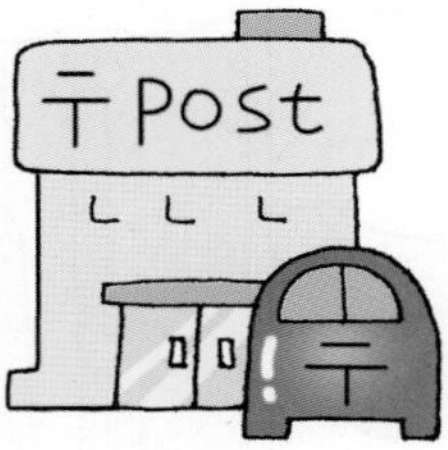

郵便局(ゆうびんきょく)
우체국

学校(がっこう)
학교

チムジルバン
찜질방

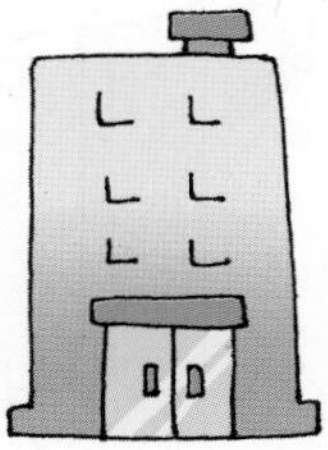

会社(かいしゃ)
회사

コーヒーショップ
커피숍

公園(こうえん)
공원

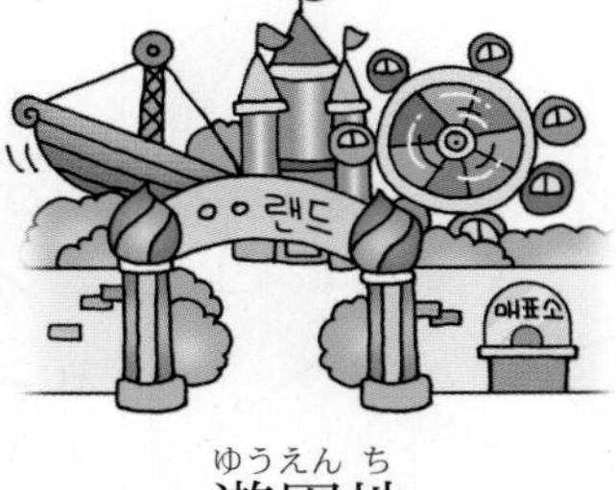

遊園地(ゆうえんち)
놀이동산

LESSON 03

土曜日(どようび)にも残業(ざんぎょう)をしなければなりません。

토요일에도 잔업을 해야 합니다.

표현 익히기 의무 표현 ～なければならない / ～なくてもいい / ～のに(역접)

Dialogue

MP3 03-1

姜(カン)：田中(たなか)さん。

来週(らいしゅう)の土曜日(どようび)、朴(パク)さんのチプトゥリに行(い)きませんか。

田中(たなか)：え、チプトゥリって何(なん)ですか。

姜(カン)：引越(ひっこ)し祝(いわ)いパーティーです。

田中(たなか)：そうですか。行(い)きたいですけど、この頃(ごろ)忙(いそが)しくて、

土曜日(どようび)にも残業(ざんぎょう)をしなければなりません。

姜(カン)：そうですか。残念(ざんねん)ですね。

せっかくナさんも行(い)くのに…。

田中(たなか)：え、ナさんも行(い)くんですか。じゃ、行(い)、行(い)きますよ。

やっぱり土曜日(どようび)まで働(はたら)かなくてもいいですね。ハハ。

강한척: 다나카 씨. 다음 주 토요일, 박 씨의 집들이에 가지 않을래요?

다나카: 앗, 집들이가 뭐예요?

강한척: 이사 축하 파티예요.

다나카: 그래요? 가고 싶은데 요즘 바빠서 토요일에도 잔업을 해야 합니다.

강한척: 그래요? 안됐네요.
모처럼 민아 씨도 가는데…….

다나카: 아, 민아 씨도 가나요? 그럼, 가, 갈게요.
역시 토요일까지 일하지 않아도 돼죠. 하하.

단어

来週(らいしゅう) 다음 주 | **引越**(ひっこ)**し** 이사 | **祝**(いわ)**い** 축하 | **パーティー** 파티 | **招待**(しょうたい)**する** 초대하다 | **この頃**(ごろ) 요즘 | **忙**(いそが)**しい** 바쁘다 | **残業**(ざんぎょう) 잔업, 야근 | **残念**(ざんねん)**だ** 안타깝다, 아쉽다 | **せっかく** 모처럼 | **～のに** ~인데도 | **やっぱり** 역시 | **働**(はたら)**く** 일하다

GRAMMAR

1 ～なければならない　～하지 않으면 안 된다, ～해야만 한다

❶ 동사

漢字(かんじ)を覚(おぼ)えなければなりません。

土曜日(どようび)にも残業(ざんぎょう)しなければなりません。

❷ い형용사

新(あたら)しくなければなりません。

面白(おもしろ)くなければなりません。

❸ な형용사

静(しず)かでなければなりません。

新鮮(しんせん)でなければなりません。

❹ 명사

あなたでなければなりません。

今日(きょう)でなければなりません。

단어

漢字(かんじ) 한자 | **覚**(おぼ)**える** 외우다, 암기하다 | **新鮮**(しんせん)**だ** 신선하다

2 ～なくてもいい ～하지 않아도 된다

❶ 동사

そんなに心配(しんぱい)しなくてもいいです。

週末(しゅうまつ)には働(はたら)かなくてもいいです。

❷ い형용사

新(あたら)しくなくてもいいです。

広(ひろ)くなくてもいいです。

❸ な형용사

静(しず)かでなくてもいいです。

上手(じょうず)でなくてもいいです。

❹ 명사

あなたでなくてもいいです。

今日(きょう)でなくてもいいです。

3 ～のに ～인데도, ~한데도 〈역접〉

접속	동사(る / ている / た)	い형용사(い / かった)
	な형용사(な / だった)	명사(な / だった)

いっぱい食(た)べたのに、また食(た)べたいです。

彼(かれ)はハンサムなのに、人気(にんき)がありません。

明日(あした)が試験(しけん)なのに、遊(あそ)んでいます。

단어

そんなに 그렇게 | **心配**(しんぱい)**する** 걱정하다 | **週末**(しゅうまつ) 주말 | **いっぱい** 가득 | **また** 또, 다시 | **ハンサムだ** 잘생기다 | **人気**(にんき) 인기 | **試験**(しけん) 시험

LET'S TALK

I 다음 보기를 보면서 연습해 보세요.

MP3 Lesson 03-2

| 보기 |

A: あなたの会社にはどんな規則がありますか。

B: 私の会社は、8時までに出勤しなければなりません。

1 土曜日にも仕事をする

2 毎月テストを受ける

3 ユニフォームを着る

4 毎週報告書を書く

5 毎年研修に行く

단어

規則(きそく) 규칙 | **仕事**(しごと)**をする** 일을 하다 | **毎月**(まいつき) 매달 | **テストを受**(う)**ける** 시험을 치다 | **ユニフォーム** 유니폼, 제복 | **着**(き)**る** 입다 | **報告書**(ほうこくしょ) 보고서 | **毎年**(まいとし) 매년 | **研修**(けんしゅう) 연수

Ⅱ 다음 보기를 보면서 연습해 보세요.

|보기|

A: 土曜日(どようび)にも仕事(しごと)をしなければなりませんか。

B: はい、しなければなりません。/

いいえ、しなくてもいいです。

1 土曜日(どようび)にも会社(かいしゃ)に行(い)く / いいえ

2 全部読(ぜんぶよ)む / いいえ

3 朝早(あさはや)く起(お)きる / はい

4 試験(しけん)を受(う)ける / はい

5 毎日運動(まいにちうんどう)する / いいえ

단어

全部(ぜんぶ) 전부 | **朝早**(あさはや)**く** 아침 일찍 | **運動**(うんどう)**する** 운동하다

Ⅲ 다음 보기를 보면서 연습해 보세요.

| 보기 |

A: レポートを書(か)かなくてもいいですか。

B: いいえ、レポートは書(か)かなければなりません。

1 日本語(にほんご)で話(はな)す

2 履歴書(りれきしょ)を出(だ)す

3 ドアを閉(し)める

4 予約(よやく)をする

5 会社(かいしゃ)に連絡(れんらく)する

단어

レポートを書(か)**く** 리포트를 쓰다 | **履歴書**(りれきしょ)**を出**(だ)**す** 이력서를 제출하다 | **ドアを閉**(し)**める** 문을 닫다 | **予約**(よやく) 예약 | **連絡**(れんらく)**する** 연락하다

EXERCISE

다음 빈칸에 알맞은 말을 넣어 보세요.

❶ 약속은 지켜야 합니다. (約束(やくそく)を守(まも)る)

約束(やくそく)は ________________________________

❷ 내일까지 결정해야 합니다. (決(き)める)

明日(あした)までに ________________________________

❸ 시험에 합격해야 합니다. (合格(ごうかく)する)

試験(しけん)に ________________________________

❹ 일본어로 쓰지 않아도 됩니다. (日本語(にほんご)で書(か)く)

日本語(にほんご)で ________________________________

❺ 그렇게 긴장하지 않아도 됩니다. (緊張(きんちょう)する)

そんなに ________________________________

단어

約束(やくそく) 약속 | **守**(まも)**る** 지키다 | **決**(き)**める** 정하다 | **合格**(ごうかく)**する** 합격하다 | **そんなに** 그렇게 | **緊張**(きんちょう)**する** 긴장하다

EXERCISE

한자 연습

待
기다릴 대

음독 たい　훈독 待(ま)つ　ノ ㇒ 彳 彳 彳 彳 往 待 待

待	待	待	待	待	待

話
말할 화

음독 わ　훈독 話(はな)す

話	話	話	話	話	話

期待(きたい)
기 대

期待	期待	期待	期待	期待	期待

招待(しょうたい)
초 대

招待	招待	招待	招待	招待	招待

会話(かいわ)
회 화

会話	会話	会話	会話	会話	会話

話題(わだい)
화 제

話題	話題	話題	話題	話題	話題

외래어 연습

ユニフォーム 유니폼

ユニフォーム	ユニフォーム	ユニフォーム	ユニフォーム

レポート 리포트

レポート	レポート	レポート	レポート

FUN & TALK

여행 준비를 하고 있습니다. 여행할 때 꼭 필요한 사항과 필요없는 사항에서 말해 보세요.

何(なに)をしなければなりませんか。

デジカメを持(も)っていく
디지털카메라를 가져가다

ホテルを予約(よやく)する
호텔을 예약하다

飛行機(ひこうき)で行(い)く
비행기로 가다

お弁当(べんとう)を作(つく)る
도시락을 싸다

ビザを取(と)る
비자를 받다

パスポートを作(つく)る
여권을 만들다

ガイドが案内(あんない)する
가이드가 안내하다

両替(りょうがえ)する
환전하다

英語(えいご)で話(はな)す
영어로 말하다

LESSON 04

まっすぐ行(い)くと消防署(しょうぼうしょ)があります。

곧장 가면 소방서가 있어요.

표현 익히기 가정 표현 ～ば와 ～と / ～ので(순접, 이유)

Dialogue

MP3 04-1

山田(やまだ)：ナさん、日本大使館(にほんたいしかん)がどこにあるか知(し)っていますか。

ナ：はい、知(し)っていますよ。光化門(グァンファムン)の近(ちか)くにあります。

山田(やまだ)：じゃ、光化門駅(グァンファムンえき)からどう行(い)けばいいか教(おし)えてください。

ナ：光化門駅(グァンファムンえき)からですか。
えーと、光化門駅(グァンファムンえき)の２番出口(にばんでぐち)を出(で)て、まっすぐ行(い)くと消防署(しょうぼうしょ)があります。消防署(しょうぼうしょ)まで行(い)くと、消防署(しょうぼうしょ)の後(うし)ろの方(ほう)に日本大使館(にほんたいしかん)のビルが見(み)えますよ。

山田(やまだ)：そうですか。ありがとうございます。
ナさんはソウルの地理(ちり)に明(あか)るいですね。

ナ：暇(ひま)な時(とき)、あっちこっち行(い)ってみるのが趣味(しゅみ)なので…。
山田(やまだ)さんの役(やく)に立(た)ってうれしいです。

야마다： 민아 씨, 일본대사관이 어디에 있는지 아세요?
나민아： 네, 알아요. 광화문 근처에 있어요.
야마다： 그럼, 광화문역에서 어떻게 가면 되는지 가르쳐 주세요.
나민아： 광화문역에서요?
음~, 광화문역 2번 출구를 나와서 곧장 가면 소방서가 있어요.
소방서까지 가면 소방서 뒤쪽에 일본대사관 건물이 보입니다.
야마다： 그래요? 고마워요.
민아 씨는 서울 지리에 밝네요.
나민아： 한가할 때 여기저기 다녀보는 것이 취미라서….
야마다 씨한테 도움이 되어 기쁘네요.

단어

大使館(たいしかん) 대사관 | **知**(し)**る** 알다 | **近**(ちか)**く** 근처 | **～ば** ～(하)면 | **えーと** 음 | **出口**(でぐち) 출구 | **出**(で)**る** 나가다 | **まっすぐ** 곧장 | **消防署**(しょうぼうしょ) 소방서 | **ビル** 건물 | **見**(み)**える** 보이다 | **地理**(ちり) 지리 | **～に明**(あか)**るい** ～에 밝다 | **あっちこっち** 여기저기 | **～てみる** ～해 보다 | **趣味**(しゅみ) 취미 | **役**(やく)**に立**(た)**つ** 도움이 되다

GRAMMAR

1 ～ば

～(하)면 〈가정〉

1. 동사의 어미 え단 + ～ば

雨(あめ)が降(ふ)れば、行(い)きません。

機会(きかい)があれば、日本(にほん)へ遊(あそ)びに行(い)きたいです。

ナさんが行(い)けば、田中(たなか)さんも行(い)くでしょう。

2. い형용사의 어간 + ～ければ

天気(てんき)が良(よ)ければ、ハイキングに行(い)きます。

値段(ねだん)が高(たか)ければ、買(か)いません。

忙(いそが)しければ、来(こ)なくてもいいです。

3. い로 끝나는 조동사의 어간 + ～ければ

泣(な)きたければ、泣(な)いてもいいです。

食(た)べたければ、何(なん)でも食(た)べてもいいです。

会社(かいしゃ)を辞(や)めたければ、辞(や)めてもいいです。

단어

雨(あめ)**が降**(ふ)**る** 비가 오다 | **機会**(きかい) 기회 | **天気**(てんき) 날씨 | **値段**(ねだん) 값, 가격 | **忙**(いそが)**しい** 바쁘다 | **泣**(な)**く** 울다 | **辞**(や)**める** 그만두다

2 ～と　　～면

1. 동사의 기본형 +～と　　～(하)면

この道(みち)をまっすぐ行(い)くと駅(えき)があります。

このスイッチを押(お)すと電気(でんき)が消(き)えます。

2(に)に3(さん)を足(た)すと5(ご)になります。

2. 동사의 ない형 +～ないと　　～(하)지 않으면

運動(うんどう)しないと太(ふと)ります。

毎日練習(まいにちれんしゅう)しないと下手(へた)になります。

明日(あした)までに書類(しょるい)を出(だ)さないと入学(にゅうがく)できません。

3 ～ので　　～이므로 〈순접, 이유〉

접속	동사(る / ている / た)	い형용사(い / かった)
	な형용사(な / だった)	명사(な / だった)

今日(きょう)は疲(つか)れたので、 早(はや)く家(いえ)に帰(かえ)ります。

熱(ねつ)があるので、少(すこ)し休(やす)みます。

試験(しけん)を受(う)けなければならないので、勉強(べんきょう)します。

단어

スイッチを押(お)**す** 스위치를 누르다 | **電気**(でんき)**が消**(き)**える** 전기가 꺼지다 | **足**(た)**す** 더하다 | **運動**(うんどう) 운동 | **太**(ふと)**る** 뚱뚱해지다, 살찌다 | **練習**(れんしゅう) 연습 | **書類**(しょるい) 서류 | **疲**(つか)**れる** 지치다, 피곤하다 | **熱**(ねつ)**がある** 열이 있다 | **休**(やす)**む** 쉬다

LET'S TALK

I 다음 보기와 같이 연습해 보세요.

MP3 Lesson 04-2

| 보기 |

お金(かね)がある / 旅行(りょこう)に行(い)く

➡ **お金(かね)があれば旅行(りょこう)に行(い)きます。**

1 あなたが行(い)く / 私(わたし)も行(い)く

2 機会(きかい)がある / 日本(にほん)に行(い)きたい

3 雨(あめ)が降(ふ)る / 家(うち)にいる

4 天気(てんき)が良(よ)い / 遊(あそ)びに行(い)く

5 時間(じかん)がない / 行(い)かなくてもいい

단어

旅行(りょこう)**に行**(い)**く** 여행을 가다 | **機会**(きかい) 기회 | **天気**(てんき) 날씨, 일기 | **遊**(あそ)**びに行**(い)**く** 놀러 가다

Ⅱ 다음 보기와 같이 연습해 보세요.

| 보기 |

春(はる)になる / 花(はな)が咲(さ)く

➡ 春(はる)になると花(はな)が咲(さ)きます。

1 ボタンを押(お)す / ドアが開(あ)く

2 お金(かね)を入(い)れる / 切符(きっぷ)が出(で)る

3 1(いち)に2(に)を足(た)す / 3(さん)になる

4 この道(みち)をまっすぐ行(い)く / 駅(えき)がある

5 勉強(べんきょう)しない / 成績(せいせき)が落(お)ちる

6 何(なに)も食(た)べない / やせる

단어

春(はる) 봄 | **～になる** ~가 되다 | **花**(はな)**が咲**(さ)**く** 꽃이 피다 | **ボタンを押**(お)**す** 버튼을 누르다 | **お金**(かね)**を入**(い)**れる** 돈을 넣다 | **切符**(きっぷ)**が出**(で)**る** 표가 나오다 | **足**(た)**す** 더하다 | **まっすぐ行**(い)**く** 똑바로 가다 | **成績**(せいせき)**が落**(お)**ちる** 성적이 떨어지다 | **やせる** 야위다, 마르다

EXERCISE

다음 빈칸에 알맞은 말을 넣어 보세요.

❶ 일본어는 어떻게 공부하면 됩니까?

日本語(にほんご)は ________________

❷ 선생님이 가지 않으면 저도 가지 않겠습니다.

先生(せんせい)が ________________

❸ 이 버튼을 누르면 전기가 켜집니다. (ボタンを押(お)す / 電気(でんき)がつく)

このボタンを ________________

❹ 2에 3을 곱하면 6이 됩니다. (かける)

２に ________________

❺ 이 길을 곧장 가면 오른쪽에 우체통이 있습니다. (まっすぐ行(い)く / 右側(みぎがわ) / ポスト)

この道(みち)を ________________

단어

押(お)す 누르다 | **電気(でんき)がつく** 전기가 켜지다 | **かける** 곱하다, 걸다 | **右側(みぎがわ)** 오른쪽, 오른편 | **ポスト** 우체통

한자 연습

道 길 도

음독 どう　훈독 道(みち)　丶 丷 丷 䒑 䒑 产 肖 首 首 首 道

道	道	道	道	道	道

動 움직일 동

음독 どう　훈독 動(うごく)　一 二 亍 亐 肓 旨 重 重 重 動 動

動	動	動	動	動	動

道路(どうろ) 도로

道路	道路	道路	道路	道路	道路

道具(どうぐ) 도구

道具	道具	道具	道具	道具	道具

運動(うんどう) 운동

運動	運動	運動	運動	運動	運動

動物(どうぶつ) 동물

動物	動物	動物	動物	動物	動物

외래어 연습

スイッチ 스위치

スイッチ	スイッチ	スイッチ	スイッチ

ポスト 우체통

ポスト	ポスト	ポスト	ポスト

다음 표현을 사용해서 길을 찾아가 보세요.

～はどう行(い)けばいいですか。

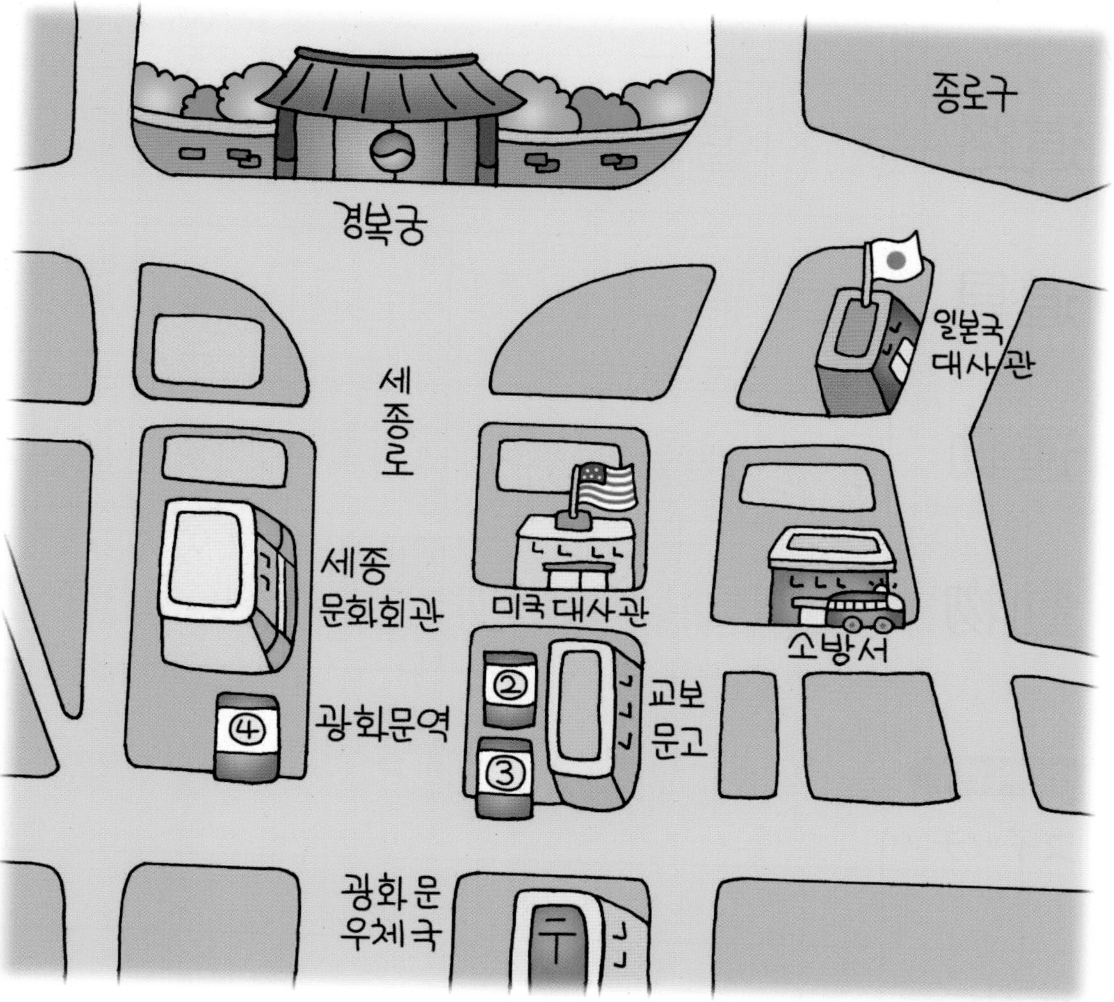

길 안내와 관련된 표현 익히기

まっすぐ行(い)く
곧장 가다

右(みぎ)に曲(ま)がる
오른쪽으로 꺾다

左(ひだり)に曲(ま)がる
왼쪽으로 꺾다

角(かど)を曲(ま)がる
모퉁이를 돌다

橋(はし)を渡(わた)る
다리를 건너다

横断歩道(おうだんほどう)を渡(わた)る
횡단보도를 건너다

つきあたり
막다른 길

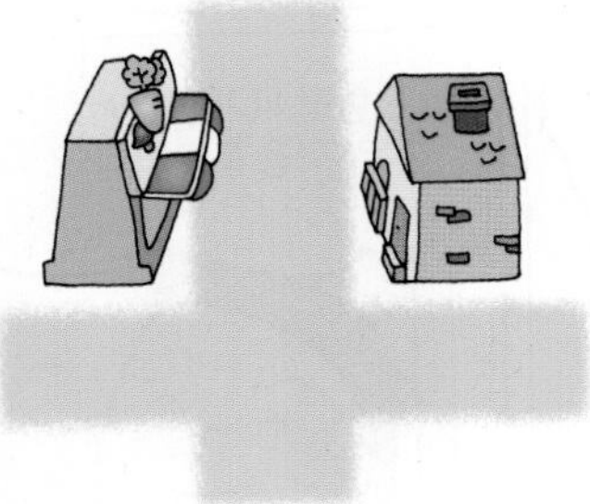

向(む)かい
맞은편

LESSON

05 早(はや)く病院(びょういん)に行(い)ったらどうですか。

빨리 병원에 가는 게 어때요?

표현 익히기 가정 표현 ~なら와 ~たら / ~たらどうですか(제안, 권유)

무슨 일 있어요, 다나카 씨? 안색이 좋지 않네요.
어제부터 몸이 나른하고 힘이 전혀 없어요.
머리도 아프고 현기증도 나고…….
그거 큰일이네요. 빨리 병원에 가는 게 어때요?
서울병원
글쎄요. 이 근처에 좋은 병원이 있나요?
좋은 병원이라면 역시 서울병원이죠. 괜찮으면 같이 갈게요.
괜찮으세요? 정말 고마워요.
한척 씨가 있어서 정말 마음 든든합니다.
하하. 실은 거기 간호사가 아주 예뻐서요.

Dialogue

MP3 05-1

姜(カン): どうしたんですか、田中(たなか)さん？ 顔色(かおいろ)が悪(わる)いですね。

田中(たなか): 昨日(きのう)から体(からだ)がだるくて、ぜんぜん力(ちから)がないんです。
頭(あたま)も痛(いた)いし、めまいもするし…。

姜(カン): それは大変(たいへん)ですね。
早(はや)く病院(びょういん)に行(い)ったらどうですか。

田中(たなか): そうですね。この近(ちか)くにいい病院(びょういん)がありますか。

姜(カン): いい病院(びょういん)ならやっぱりソウル病院(びょういん)ですね。
よかったら、いっしょに行(い)きますよ。

田中(たなか): いいんですか。どうもありがとう。
姜(カン)さんがいるから、本当(ほんとう)に心強(こころづよ)いですよ。

姜(カン): ハハ。実(じつ)はあそこの看護婦(かんごふ)さんがすごくきれいなんで。

강한척: 무슨 일 있어요, 다나카 씨? 안색이 좋지 않네요.
다나카: 어제부터 몸이 나른하고 힘이 전혀 없어요.
머리도 아프고 현기증도 나고…….
강한척: 그거 큰일이네요.
빨리 병원에 가는 게 어때요?
다나카: 글쎄요. 이 근처에 좋은 병원이 있나요?
강한척: 좋은 병원이라면 역시 서울병원이죠.
괜찮으면 같이 갈게요.
다나카: 괜찮으세요? 정말 고마워요.
한척 씨가 있어서 정말 마음 든든합니다.
강한척: 하하. 실은 거기 간호사가 아주 예뻐서요.

단어

顔色(かおいろ)**が悪**(わる)**い** 안색이 좋지 않다 | **体**(からだ)**がだるい** 몸이 나른하다 | **ぜんぜん** 전혀 | **力**(ちから) 힘 | **頭**(あたま)**が痛**(いた)**い** 머리가 아프다 | **めまいがする** 현기증이 나다 | **大変**(たいへん)**だ** 큰일이다 | **病院**(びょういん) 병원 | **~たら** ~(하)면 | **~なら** ~라면 | **やっぱり** 역시 | **よかったら** 괜찮다면 | **いっしょに** 함께, 같이 | **心強**(こころづよ)**い** 마음이 든든하다, 믿음직스럽다 | **実**(じつ)**は** 실은 | **看護婦**(かんごふ) 간호사 | **すごく** 매우, 몹시

GRAMMAR

1 ～なら　　～라면 〈가정(조건) 표현〉

❶ **동사 :** 기본형＋なら

日本料理(にほんりょうり)を食(た)べるならおすしがいいですね。

デートをするならこのドライブコースがいいですよ。

❷ **い형용사 :** 기본형＋なら

忙(いそが)しいなら来(こ)なくてもいいです。

おいしくないなら食(た)べなくてもいいです。

❸ **な형용사 :** 어간＋なら

暇(ひま)なら遊(あそ)びに来(き)てください。

心配(しんぱい)なら連絡(れんらく)してみてください。

❹ **명사 :** 명사＋なら

日本語(にほんご)なら自信(じしん)あります。

今週(こんしゅう)の土曜日(どようび)なら大丈夫(だいじょうぶ)です。

단어

おすし 초밥 | **デート** 데이트 | **ドライブコース** 드라이브 코스 | **暇**(ひま)**だ** 한가하다 | **心配**(しんぱい)**だ** 걱정되다 | **連絡**(れんらく)**する** 연락하다 | **自信**(じしん) 자신(감)

2 ~たら

~하면〈가정 표현〉

❶ **동사**

仕事(しごと)が終(お)わったら、飲(の)みに行(い)きましょう。

家(うち)に着(つ)いたら、電話(でんわ)してください。

❷ **い형용사**

辛(から)かったらお水(みず)をどうぞ。

他(ほか)の店(みせ)より高(たか)かったら弁償(べんしょう)します。

❸ **な형용사**

不便(ふべん)だったらいつでも言(い)ってください。

不安(ふあん)だったら確認(かくにん)してみてください。

❹ **명사**

重要(じゅうよう)な話(はなし)だったら後(あと)でしましょう。

あの立場(たちば)だったらだれでもそうすると思(おも)います。

3 ~たらどうですか

~하는 것이 어때요?〈제안 · 권유〉

少(すこ)し休(やす)んだらどうですか。

先生(せんせい)に聞(き)いてみたらどうですか。

好(す)きなら彼女(かのじょ)に告白(こくはく)したらどうですか。

「~たらどうですか」에는 (몇 번을 말해도 말을 듣지 않는 사람을) 몰아세운다는 뉘앙스가 있으므로 사용에 주의해야 한다.

단어

終(お)**わる** 끝나다 | **着**(つ)**く** 도착하다 | **辛**(から)**い** 맵다 | **他**(ほか)**の** 다른 | **店**(みせ) 가게 | **弁償**(べんしょう) 변상, 보상 | **不便**(ふべん)**だ** 불편하다 | **不安**(ふあん)**だ** 불안하다 | **確認**(かくにん)**する** 확인하다 | **重要**(じゅうよう)**だ** 중요하다 | **後**(あと)**で** 뒤에, 나중에 | **立場**(たちば) 입장 | **告白**(こくはく)**する** 고백하다

あの…

LET'S TALK

I 다음 보기와 같이 연습해 보세요.

MP3 Lesson 05-2

| 보기 |

A: 日本へ旅行に行きたいんですが…。

B: 日本へ旅行に行くなら箱根がいいですよ。

1 服を買う / 東大門

2 韓国のお土産を買う / のり

3 遊園地に行く / エバーランド

4 映画を見に行く / メガボックス

5 ソウルの夜景を見る / 南山

단어

旅行(りょこう) 여행 | **箱根**(はこね) 하코네(일본 지명) | **服**(ふく) 옷 | **お土産**(みやげ) 선물 | **のり** 김 | **遊園地**(ゆうえんち) 유원지, 놀이동산 | **夜景**(やけい) 야경

II 다음 보기와 같이 연습해 보세요.

|보기|
A: 内容が難しくて、読んでも分かりません。
B: よく分からなかったら、先生に質問してください。

1 A: もうすぐ仕事が終わります。
B: (仕事が終わる / 電話する)

2 A: もうすぐ駅に着きます。
B: (駅に着く / 連絡する)

3 A: とても眠いです。
B: (眠い / コーヒーを飲む)

4 A: 試験も終わって暇です。
B: (暇だ / 手伝う)

5 A: とても重要な話です。
B: (重要な話 / 後で話す)

단어

内容(ないよう) 내용 | **質問**(しつもん) 질문 | **仕事**(しごと)**が終**(お)**わる** 일이 끝나다 | **駅**(えき)**に着**(つ)**く** 역에 도착하다 | **眠**(ねむ)**い** 졸리다 | **暇**(ひま)**だ** 한가하다 | **手伝**(てつだ)**う** 돕다 | **重要**(じゅうよう)**だ** 중요하다 | **後**(あと)**で** 나중에

III 다음 보기와 같이 연습해 보세요.

| 보기 |

A: 韓国(かんこく)のお寺(てら)を見(み)たいんですが…。

B: 韓国(かんこく)のお寺(てら)を見(み)たいなら、慶州(キョンジュ)に行(い)ったらどうですか。

1 コンピューターを買(か)う / 竜山(ヨンサン)に行(い)く

2 のんびりする / 温泉(おんせん)に行(い)く

3 海(うみ)に行(い)く / 釜山(プサン)に行(い)く

4 山(やま)に行(い)く / 智異山(チリサン)に行(い)く

5 ダイエットする / 毎日運動(まいにちうんどう)する

단어

お寺(てら) 절 | **コンピューター** 컴퓨터 | **のんびり** 유유히, 한가롭게 | **温泉**(おんせん) 온천 | **海**(うみ) 바다 | **ダイエットする** 다이어트하다 | **運動**(うんどう)**する** 운동하다

EXERCISE

다음 빈칸에 알맞은 말을 넣어 보세요.

❶ 이번 토요일 한가하면 영화 보러 가지 않을래요? (暇(ひま)だ / 映画(えいが)を見(み)る)

今度(こんど)の ______________________________

❷ 도쿄라면 간 적이 있습니다. (~たことがある)

東京(とうきょう) ______________________________

❸ 일본에 도착하면 연락 주세요. (着(つ)く)

日本(にほん)に ______________________________

❹ 잘 모르면 질문해 주세요. (分(わ)からない / 質問(しつもん))

よく ______________________________

❺ 한 번 만나 보는 것이 어때요? (会(あ)う)

一度(いちど) ______________________________

단어

~ことがある ~한 적이 있다 | **着(つ)く** 도착하다 | **連絡(れんらく)する** 연락하다

EXERCISE

한자 연습

問

물을 문

음독 もん 훈독 問(と)う

丨 ｒ ｐ 門 門 門 問

問	問	問	問	問	問

力

힘 력

음독 りょく / りき 훈독 力(ちから)

フ 力

力	力	力	力	力	力

もん だい
問題
문 제

問題	問題	問題	問題	問題	問題

ほう もん
訪問
방 문

訪問	訪問	訪問	訪問	訪問	訪問

じつ りょく
実力
실 력

実力	実力	実力	実力	実力	実力

のう りょく
能力
능 력

能力	能力	能力	能力	能力	能力

외래어 연습

コース 코스

コース	コース	コース	コース

ダイエット 다이어트

ダイエット	ダイエット	ダイエット	ダイエット

FUN & TALK

손님이 선물을 사려고 합니다. 여러분의 센스를 발휘하여 적당한 선물을 권해 보세요.

～にプレゼントをするなら …はどうですか。

社長(しゃちょう)：お正月(しょうがつ)のプレゼント
同僚(どうりょう)：結婚祝(けっこんいわ)いのプレゼント
恋人(こいびと)：バレンタインデーのプレゼント
奥(おく)さん：結婚記念日(けっこんきねんび)のプレゼント
お兄(にい)さん：誕生日(たんじょうび)のプレゼント
妹(いもうと)さん：入学祝(にゅうがくいわ)いのプレゼント

花束(はなたば)
꽃다발

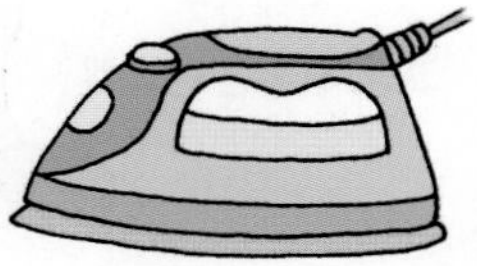

アイロン
다리미

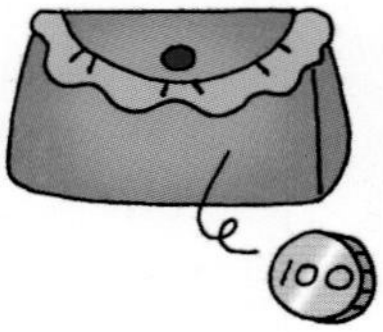

ハンドバック
핸드백

デジカメ
디지털카메라

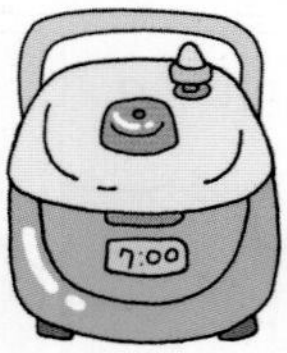

電気釜(でんきがま)
전기밥솥

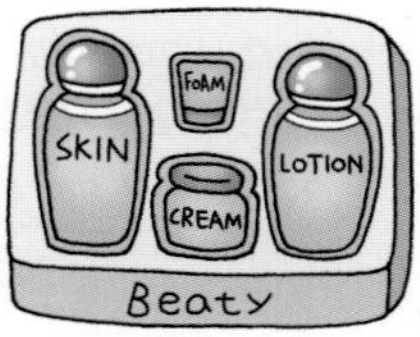

化粧品(けしょうひん)セット
화장품 세트

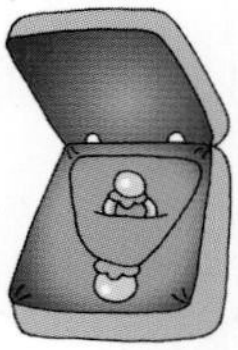

指輪(ゆびわ)
반지

ウイスキー
위스키

時計(とけい)
시계

LESSON 06

山田(やまだ)さんはいつまで韓国(かんこく)にいる予定(よてい)ですか。

야마다 씨는 언제까지 한국에 있을 예정이에요?

표현 익히기 ～つもりだ, ～予定だ, ～と思っている / 동사의 의지형 / 목적 표현 ～(の)ために

Dialogue

MP3 06-1

姜(カン): 山田(やまだ)さんはいつまで韓国(かんこく)にいる予定(よてい)ですか。

山田(やまだ): そうですね。韓国(かんこく)の生活(せいかつ)もとても気(き)に入(い)っているし、

もともとは一年間(いちねんかん)の予定(よてい)で来(き)ましたが、

できればなるべく長(なが)く韓国(かんこく)にいようと思(おも)っています。

姜(カン): そうですか。じゃ、結婚(けっこん)はどうするつもりですか。

山田(やまだ): さあ～、まだよく分(わ)かりませんけど、

韓国(かんこく)の女性(じょせい)と結婚(けっこん)したいと思(おも)っています。

姜(カン): もしかしたらナさんと結婚(けっこん)するつもりで…。

山田(やまだ): そ、そんな…。姜(カン)さん、からかわないでくださいよ。

姜(カン): いやいや。顔(かお)が真(ま)っ赤(か)になっちゃって。

心配(しんぱい)しないで僕(ぼく)にまかせてください。

山田(やまだ): あ～、何(なに)をするつもりなのか。本当(ほんとう)にまいっちゃう。

강한척: 야마다 씨는 언제까지 한국에 있을 예정이에요?
야마다: 글쎄요. 한국 생활도 매우 마음에 들고.
원래는 1년 동안 있을 예정으로 왔는데요,
가능하면 가급적 오래 한국에 있으려고 해요.
강한척: 그래요? 그럼, 결혼은 어떻게 할 생각이에요?
야마다: 글쎄요. 아직 잘 모르겠습니다만, 한국 여성과 결혼하고 싶어요.
강한척: 혹시 민아 씨와 결혼할 생각으로……?
야마다: 아, 아니에요. 한척 씨, 놀리지 마세요.
강한척: 이런 얼굴이 새빨개졌네요.
걱정 말고 저한테 맡겨 주세요.
야마다: 아, 무슨 일을 할 생각인지. 정말 골치 아파.

단어

予定(よてい) 예정 | **生活**(せいかつ) 생활 | **気**(き)**に入**(い)**る** 마음에 들다 | **もともと** 원래 | **～年間**(ねんかん) ～년간 | **できれば** 가능하면 | **なるべく** 가급적, 가능한 한 | **～ようと思**(おも)**っている** ～하려고 생각하다 | **結婚**(けっこん) 결혼 | **さあ** 자, 어서, 글쎄 | **もしかしたら** 만일, 어쩌면, 혹시 | **からかう** 놀리다, 조롱하다 | **いやいや** 아니아니 | **顔**(かお)**が真**(ま)**っ赤**(か)**になる** 얼굴이 새빨개지다 | **まかせる** 맡기다 | **まいる** 질리다, 곤란하다, 골치 아프다

GRAMMAR

1 의지 · 계획 · 예정 표현

1. 동사의 기본형 + つもりだ　　~할 생각(작정)이다

来年、留学に行くつもりです。

日本語能力試験を受けるつもりです。

2. 동사의 ない형 + つもりだ　　~하지 않을 생각이다

あそこにはもう二度と行かないつもりです。

大学院には進学しないつもりです。

3. 동사의 기본형 + 予定だ　　~할 예정이다

2時から会議がある予定です。

飛行機は午後4時に到着する予定です。

4. 동사의 의지형 + と思っている　　~하려고 하다

タバコをやめようと思っています。

明日の朝早く出発しようと思っています。

단어

留学(りゅうがく) 유학 | **能力**(のうりょく) 능력 | **試験**(しけん) 시험 | **~度**(ど) ~번 | **大学院**(だいがくいん) 대학원 | **進学**(しんがく) 진학 | **会議**(かいぎ) 회의 | **飛行機**(ひこうき) 비행기 | **到着**(とうちゃく) 도착 | **出発**(しゅっぱつ) 출발

2 동사의 의지형

Ⅰ그룹 동사 (5단 동사)	어미 う단 → お단 + う	会(あ)う ➡ 会(あ)おう　行(い)く ➡ 行(い)こう 話(はな)す ➡ 話(はな)そう　待(ま)つ ➡ 待(ま)とう 死(し)ぬ ➡ 死(し)のう　遊(あそ)ぶ ➡ 遊(あそ)ぼう 読(よ)む ➡ 読(よ)もう　守(まも)る ➡ 守(まも)ろう
Ⅱ그룹 동사 (상하 1단 동사)	어간 + よう	見(み)る ➡ 見(み)よう　起(お)きる ➡ 起(お)きよう 食(た)べる ➡ 食(た)べよう　寝(ね)る ➡ 寝(ね)よう
Ⅲ그룹 동사 (불규칙 동사)		来(く)る ➡ 来(こ)よう　する ➡ しよう

3 목적 표현

1. 동사의 기본형 + ために　～하기 위해서

大学(だいがく)に入(はい)るために、一生懸命勉強(いっしょうけんめいべんきょう)します。

家(いえ)を買(か)うために、貯金(ちょきん)します。

2. 명사 + のために　～을 위해서

健康(けんこう)のために運動(うんどう)しています。

発表(はっぴょう)のために資料(しりょう)を集(あつ)めます。

단어

入(はい)**る** 들어가다 | **一生懸命**(いっしょうけんめい) 열심히 | **貯金**(ちょきん) 저금 | **健康**(けんこう) 건강 | **発表**(はっぴょう) 발표 | **資料**(しりょう) 자료 | **集**(あつ)**める** 모으다

あの…

LET'S TALK

I 다음 보기와 같이 연습해 보세요.

MP3 Lesson 06-2

|보기|

A: 今週(こんしゅう)の土曜日(どようび)、何(なに)をするつもりですか。

B: そうですね。友達(ともだち)と映画(えいが)を見(み)るつもりです。

1 今週末(こんしゅうまつ) / 家(いえ)で休(やす)む

2 連休(れんきゅう) / 旅行(りょこう)に行(い)く

3 夏休(なつやす)み / アルバイトをする

4 授業(じゅぎょう)が終(おわ)ってから / お茶(ちゃ)を飲(の)みに行(い)く

5 大学(だいがく)を卒業(そつぎょう)してから / 大学院(だいがくいん)に進学(しんがく)する

단어

今週末(こんしゅうまつ) 이번 주말 | **連休**(れんきゅう) 연휴 | **夏休**(なつやす)**み** 여름방학 | **卒業**(そつぎょう) 졸업 | **大学院**(だいがくいん)**に進学**(しんがく)**する** 대학원에 진학하다

Ⅱ 다음 보기와 같이 연습해 보세요.

| 보기 |

A: いつ日本(にほん)に行(い)くつもりですか。

B: 来月(らいげつ)日本(にほん)に行(い)こうと思(おも)っています。

1 結婚(けっこん)する / 来年(らいねん)

2 留学(りゅうがく)に行(い)く / 再来年(さらいねん)

3 試験(しけん)を受(う)ける / 今年(ことし)

4 引越(ひっこ)す / 再来月(さらいげつ)

Ⅲ 다음 보기와 같이 연습해 보세요.

| 보기 |

A: 何(なん)のために日本語(にほんご)を勉強(べんきょう)しているんですか。

B: 試験(しけん)を受(う)けるために日本語(にほんご)を勉強(べんきょう)しています。

1 日本(にほん)へ旅行(りょこう)に行(い)く

2 ネイティブと日本語(にほんご)で話(はな)す

3 日本(にほん)へ留学(りゅうがく)に行(い)く

4 就職(しゅうしょく)

단어

留学(りゅうがく) 유학 | **再来年**(さらいねん) 내후년 | **試験**(しけん)**を受**(う)**ける** 시험을 치다 | **引越**(ひっこ)**す** 이사하다 | **再来月**(さらいげつ) 다다음 달 | **ネイティブ** 네이티브 | **就職**(しゅうしょく) 취직

EXERCISE

다음 빈칸에 알맞은 말을 넣어 보세요.

❶ 일본에 유학 갈 생각입니다. (留学(りゅうがく)に行(い)く)

日本(にほん)へ ________________

❷ 여행하기 위해서 아르바이트를 할 생각입니다. (アルバイトをする)

旅行(りょこう)する ________________

❸ 그녀와는 두 번 다시 만나지 않을 생각입니다. (二度(にど)と / 会(あ)う)

彼女(かのじょ)とは ________________

❹ 다음 주 일본으로 출장 갈 예정입니다. (出張(しゅっちょう)に行(い)く)

来週(らいしゅう) ________________

❺ 다음 달부터 운동을 시작하려고 생각하고 있습니다. (運動(うんどう)を始(はじ)める)

来月(らいげつ)から ________________

단어

アルバイト 아르바이트 | **二度**(にど)**と** 두 번 다시 | **出張**(しゅっちょう)**に行**(い)**く** 출장 가다 | **運動**(うんどう) 운동

한자 연습

着

도착할 착

음독 ちゃく 훈독 着(つ)く / 着(き)る

丶 丷 䒑 䒑 兰 兰 差 羊 着 着 着 着

着	着	着	着	着	着

発

발할 발

음독 はつ / ぱつ / ほつ 훈독 発(た)つ

フ ヲ 癶 癶 癶 癶 癸 発 発

発	発	発	発	発	発

とう ちゃく
到着
도 착

到着	到着	到着	到着	到着	到着

ちゃく よう
着用
착 용

着用	着用	着用	着用	着用	着用

はっ てん
発展
발 전

発展	発展	発展	発展	発展	発展

はっ ぴょう
発表
발 표

発表	発表	発表	発表	発表	発表

외래어 연습

ヨーロッパ 유럽

ヨーロッパ	ヨーロッパ	ヨーロッパ	ヨーロッパ

ネイティブ 네이티브

ネイティブ	ネイティブ	ネイティブ	ネイティブ

FUN & TALK

인생은 끝없는 선택의 갈림길입니다. 앞으로의 계획에 대해 서로 묻고 답해 보세요.

～つもりです ～할 생각입니다

대학 졸업 후엔?

1

就職(しゅうしょく)する
취직하다

2

留学(りゅうがく)に行(い)く
유학 가다

3

大学院(だいがくいん)に行(い)く
대학원을 가다

자신을 위해 투자를 한다면?

1

外国語(がいこくご)を習(なら)う
외국어를 배우다

2

運動(うんどう)する
운동하다

3

バイオリンを習(なら)う
바이올린을 배우다

결혼은 어떻게?

1

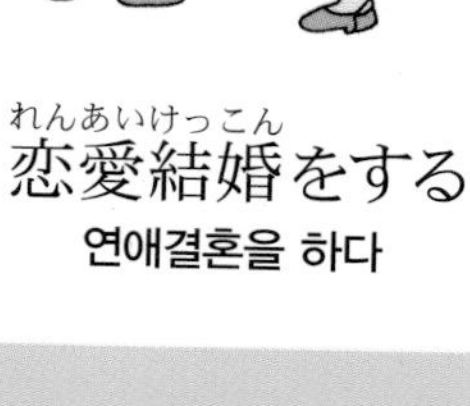

恋愛結婚(れんあいけっこん)をする
연애결혼을 하다

2

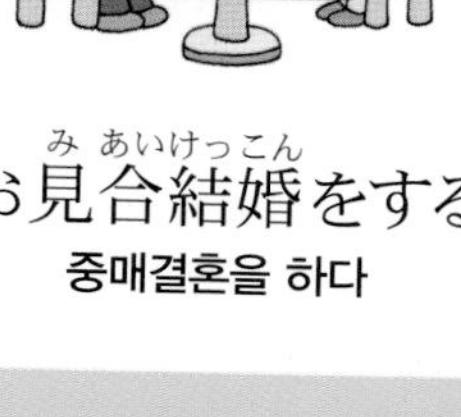

お見合結婚(みあいけっこん)をする
중매결혼을 하다

신혼여행은 어디로?

1

ヨーロッパに行(い)く

유럽에 가다

1

ハワイに行(い)く

하와이에 가다

3

日本(にほん)に行(い)く

일본에 가다

4

タイに行(い)く

태국에 가다

결혼 후 1.

1

子供(こども)を産(う)む

아이를 낳다

2

子供(こども)を産(う)まない

아이를 낳지 않다

결혼 후 2.

1

(一戸建(いっこだ)て) 住宅(じゅうたく)に住(す)む

단독주택에 살다

2

アパート(マンション)に住(す)む

아파트(맨션)에 살다

LESSON 07

今(いま)にも雨(あめ)が降(ふ)り出(だ)しそうですね。

금방이라도 비가 내릴 것 같네요.

표현 익히기 ～そうだ의 두 가지 용법 / ～やすい, ～にくい, ～すぎる / ～ように, ～ないように

Dialogue

MP3 07-1

ナ： どんよりと曇(くも)って今(いま)にも雨(あめ)が降(ふ)り出(だ)しそうですね。

田中(たなか)： そうですね。
天気予報(てんきよほう)によると明日(あした)から梅雨(つゆ)が始(はじ)まるそうですよ。

ナ： そうですか。梅雨(つゆ)が終(お)わったらもう本格的(ほんかくてき)な夏(なつ)ですね。

田中(たなか)： ニュースによると今年(ことし)は100年(ひゃくねん)ぶりの暑(あつ)さで、
大変(たいへん)過(す)ごしにくい夏(なつ)になるそうですよ。

ナ： そうですか。夏(なつ)ばてしないように、
体(からだ)に気(き)をつけなければなりませんね。

田中(たなか)： そうですね。じゃ、明日(あした)は健康(けんこう)のために、
サムゲタンでも食(た)べに行(い)きましょうか。

ナ： それもいいですね。そうしましょう。

나민아: 잔뜩 흐린 게 금방이라도 비가 내릴 것 같네요.
다나카: 그렇군요. 일기예보에 의하면 내일부터 장마가 시작된다고 하던데요.
나민아: 그래요? 장마가 끝나면 이제 본격적인 여름이 오겠네요.
다나카: 뉴스에 따르면 올해는 100년 만의 더위로 지내기 힘든 여름이 될 거라고 합니다.
나민아: 그래요? 여름 타지 않도록 건강에 유의해야겠네요.
다나카: 그래요. 그럼, 내일은 건강을 위해 삼계탕이라도 먹으러 갈까요?
나민아: 그것도 좋네요. 그렇게 해요.

단어

どんよりと 날씨가 잔뜩 흐린 모양(어두침침함) | **曇(くも)る** 흐리다 | **今(いま)にも** 금방, 당장이라도 | **降(ふ)り出(だ)す** 내리기 시작하다 | **~そうだ** ~할 것 같다, ~라고 하다 | **天気予報**(てんきよほう) 일기예보 | **~によると** ~에 의하면 | **明日**(あした) 내일 | **梅雨**(つゆ) 장마 | **始(はじ)まる** 시작되다 | **本格的**(ほんかくてき) 본격적 | **ニュース** 뉴스 | **今年**(ことし) 올해 | **~ぶり** ~만에 | **暑(あつ)さ** 더위 | **大変**(たいへん) 매우, 몹시 | **~にくい** ~하기 어렵다 | **夏(なつ)ばて** 여름을 탐 | **体(からだ)に気(き)をつける** 건강에 유의하다, 신경 쓰다 | **健康**(けんこう) 건강 | **~のために** ~을 위해서 | **サムゲタン** 삼계탕

GRAMMAR

1 ~そうだ　~라고 하다〈전문〉

❶ **동사 :** る / ている / た

彼(かれ)は明日(あした)来(く)るそうです。

外(そと)は今(いま)雨(あめ)が降(ふ)っているそうです。

試験(しけん)に合格(ごうかく)したそうです。

❷ **い형용사 :** い / かった

この頃(ごろ)、会社(かいしゃ)の仕事(しごと)でとても忙(いそが)しいそうです。

試験(しけん)はとても易(やさ)しかったそうです。

❸ **な형용사 :** だ / だった

両親(りょうしん)は元気(げんき)だそうです。

映画(えいが)は本当(ほんとう)に感動的(かんどうてき)だったそうです。

❹ **명사 :** だ / だった

彼女(かのじょ)は日本語(にほんご)の先生(せんせい)だそうです。

彼(かれ)は学生時代(がくせいじだい)、野球選手(やきゅうせんしゅ)だったそうです。

단어

外(そと) 밖 | **合格**(ごうかく)**する** 합격하다 | **感動的**(かんどうてき) 감동적 | **学生時代**(がくせいじだい) 학창 시절 | **野球**(やきゅう) 야구 | **選手**(せんしゅ) 선수

2 ~そうだ
~한 것 같다 〈양태, 추측〉

❶ **동사 :** ます형+そうだ

雨(あめ)が降(ふ)りそうです。

赤(あか)ちゃんが泣(な)きそうです。

❷ **い형용사 :** 어간+そうだ

ラーメンがとてもおいしそうです。

先生(せんせい)の時計(とけい)は高(たか)そうです。

예외 ない → なさそうだ / よい → よさそうだ

❸ **な형용사 :** 어간+そうだ

この車(くるま)は丈夫(じょうぶ)そうです。

子供(こども)たちはみんな元気(げんき)そうです。

❹ **수식형 :** そうな+명사 / そうに+동사

おいしそうなラーメンですね。

おいしそうに食(た)べています。

단어

赤(あか)**ちゃん** 아기 | **泣**(な)**く** 울다 | **丈夫**(じょうぶ)**だ** 튼튼하다

3 복합어 : 동사의 ます형 + 접미어

1. ～やすい ～하기 쉽다 (용이함, 간편함의 뜻을 더하는 접미어)

この料理は簡単で、とても作りやすいです。

先生の説明は面白いし、分かりやすいです。

2. ～にくい ～하기 어렵다 (어려움, 불편함의 뜻을 더하는 접미어)

日本語の漢字は読みにくいです。

この服はきれいですけど、とても着にくいです。

3. ～すぎる 지나치게 ~하다 (지나침, 과도함의 뜻을 더하는 접미어)

飲みすぎて、頭が痛いです。

このごろ食べすぎて、太ってしまいました。

4 ～(ない)ように ～하(지 않)도록 〈권유〉

1. ～ように ～하도록

明日までにレポートを提出するようにしてください。

毎日規則的に運動するように。

2. ～ないように ～하지 않도록

授業に遅れないように気をつけています。

あまり急がないように。

단어

簡単(かんたん)**だ** 간단하다 | **説明**(せつめい) 설명 | **服**(ふく) 옷 | **着**(き)**る** 입다 | **頭**(あたま)**が痛**(いた)**い** 머리가 아프다 | **太**(ふと)**る** 살찌다 | **レポート** 리포트 | **提出**(ていしゅつ) 제출 | **規則的**(きそくてき) 규칙적 | **授業**(じゅぎょう)**に遅**(おく)**れる** 수업에 늦다 | **気**(き)**をつける** 조심하다 | **急**(いそ)**ぐ** 서두르다

あの…

LET'S TALK

MP3 Lesson 07-2

Ⅰ 다음 보기와 같이 연습해 보세요.

| 보기 |

A: Bさん、知っていますか。

B: え、何ですか。

A: ニュースによると
日本で韓国のドラマがとても人気があるそうです。

1 天気予報 / 明日は雨だ

2 新聞 / 物価が上がる

3 雑誌 / 今年はこのファッションが流行る

4 ニュース / 来年も不景気が続く

5 姜さんの話 / 学生時代とても人気があった

단어

ドラマ 드라마 | **人気**(にんき) 인기 | **新聞**(しんぶん) 신문 | **物価**(ぶっか) 물가 | **上**(あ)**がる** 오르다 | **雑誌**(ざっし) 잡지 | **ファッション** 패션 | **流行**(はや)**る** 유행하다 | **不景気**(ふけいき) 불경기 | **続**(つづ)**く** 계속되다, 이어지다

Ⅱ 다음 보기와 같이 연습해 보세요.

|보기|

テーブルの上(うえ)のペン / 落(お)ちる

➡ テーブルの上(うえ)のペンが落(お)ちそうですよ。

1 シャツのボタン / 取(と)れる

2 キムチ / 本当(ほんとう)に辛(から)い

3 家(いえ) / 倒(たお)れる

4 ケーキ / おいしい

5 くつ / はきやすい

단어

テーブル 테이블 | **落(お)ちる** 떨어지다 | **シャツ** 셔츠 | **ボタン** 단추 | **取(と)れる** 떨어지다, 빠지다 | **倒(たお)れる** 무너지다, 쓰러지다 | **はく** (신발 · 양말 등을) 신다 | **はきやすい** 신기 편하다

EXERCISE

다음 빈칸에 알맞은 말을 넣어 보세요.

❶ 일기예보에 의하면 올해 겨울은 따뜻할 거라고 합니다.

天気予報(てんきよほう) ________________________________

❷ 선생님의 설명은 정말 이해하기 쉽다고 합니다.

先生(せんせい)の ________________________________

❸ 그녀는 비싸 보이는 액세서리를 하고 있습니다.

彼女(かのじょ)は ________________________________

❹ 가능한 한 일본어로 말하도록 해 주세요.

なるべく ________________________________

❺ 여권을 잃어버리지 않도록 주의하세요.

パスポートを ________________________________

단어

暖(あたた)かい 따뜻하다 | **説明(せつめい)** 설명 | **アクセサリー** 액세서리 | **なるべく** 가능한 한 | **パスポート** 여권 | **忘(わす)れる** 잃어버리다 | **注意(ちゅうい)する** 주의하다

EXERCISE

한자 연습

説

말씀 설

음독 せつ / せっ 훈독 説(と)く

` ⺀ ⺀ 亖 言 言 言 言 言' 訁 訁 説 説

説	説	説	説	説	説

明

밝을 명

음독 明(めい) / 明(みょう) 훈독 明(あか)るい / 明(あ)ける / 明(あき)らか

丨 ⺆ 日 日 日) 明 明 明

明	明	明	明	明	明

説明(せつめい) 설명

説明	説明	説明	説明	説明	説明

小説(しょうせつ) 소설

小説	小説	小説	小説	小説	小説

明示(めいじ) 명시

明示	明示	明示	明示	明示	明示

明日(あした) 내일

明日	明日	明日	明日	明日	明日

외래어 연습

ラジオ 라디오

ラジオ	ラジオ	ラジオ	ラジオ

アクセサリー 액세서리

アクセサリー	アクセサリー	アクセサリー	アクセサリー

FUN & TALK

다음의 그림을 보고 그 느낌을 말해 보세요.

~そうですね

幸(しあわ)せだ
행복하다

大変(たいへん)だ
힘들다

寂(さび)しい
쓸쓸하다

頭(あたま)がいい
머리가 좋다

お金(かね)がない
돈이 없다

忙(いそが)しい
바쁘다

痛(いた)い
아프다

面白(おもしろ)い
재미있다

不安(ふあん)だ
불안하다

優(やさ)しい
상냥하다

元気(げんき)だ
건강하다

LESSON 08

山田(やまだ)さんはたぶん長生(ながい)きするでしょう。

야마다 씨는 아마 오래 살 거예요.

표현 익히기 추측 표현 ~かもしれない / ~だろう / ~はずだ, ~はずがない

Dialogue

MP3 08-1

姜(カン): 山田(やまだ)さん、知(し)っていますか。
韓国(かんこく)の男性(だんせい)の中(なか)で25%以上(いじょう)の人(ひと)が癌(がん)にかかるそうですよ。

山田(やまだ): え？ まさか。
そんなに多(おお)くの人(ひと)が癌(がん)にかかるんですか。

姜(カン): それで、健康保険(けんこうほけん)に加入(かにゅう)しておこうと思(おも)っています。
僕(ぼく)も癌(がん)にかかるかもしれませんから。

山田(やまだ): そうですか。僕(ぼく)も急(きゅう)に健康(けんこう)のことが心配(しんぱい)になりました。

姜(カン): ハハ、心配(しんぱい)しなくてもいいですよ。
山田(やまだ)さんが癌(がん)にかかるはずがありません。
タバコもお酒(さけ)もしないし、毎日(まいにち)規則的(きそくてき)に運動(うんどう)するし。
山田(やまだ)さんはたぶん長生(ながい)きするでしょう。

山田(やまだ): じゃ、姜(カン)さんもこれからタバコとお酒(さけ)をやめたら
いいんじゃないですか。

姜(カン): そ、それはそうなんですけど…。

강한척: 야마다 씨, 아세요?
한국 남자들 중에서 25% 이상이 암에 걸린다고 합니다.
야마다: 네? 설마요. 그렇게 많은 사람이 암에 걸립니까?
강한척: 그래서 건강보험에 가입해 두려고 합니다.
저도 암에 걸릴지 모르니까요.
야마다: 그래요? 저도 갑자기 건강이 걱정되네요.
강한척: 하하, 걱정하지 않아도 됩니다.
야마다 씨가 암에 걸릴 리가 없어요.
담배도 술도 안 하고, 매일 규칙적으로 운동하고.
야마다 씨는 아마 오래 살 거예요.
야마다: 그럼, 한척 씨도 이제부터 담배와 술을 끊으면 되지 않아요?
강한척: 그, 그건 그런데요…….

단어

男性(だんせい) 남성 | **癌**(がん) 암 | **かかる** 걸리다 | **まさか** 설마 | **健康**(けんこう) 건강 | **保険**(ほけん) 보험 | **加入**(かにゅう)**する** 가입하다 | **〜ておく** 〜해 두다, 〜해 놓다 | **〜はずがない** 〜일 리가 없다 | **タバコ** 담배 | **お酒**(さけ) 술 | **規則的**(きそくてき) 규칙적 | **たぶん** 아마 | **長生**(ながい)**きする** 장수하다 | **やめる** 그만두다, 끊다 | **〜たらいいんじゃない** 〜하면 되지 않아?

GRAMMAR

1 ~かもしれない　~일지도 모른다
~かもしれません　~일지도 모릅니다

❶ **동사 :** る / ている / た

来年結婚(らいねんけっこん)するかもしれません。

どこかで遊(あそ)んでいるかもしれません。

もう会社(かいしゃ)を辞(や)めたかもしれません。

❷ **い형용사 :** い / かった

高(たか)いかもしれません。

寒(さむ)かったかもしれません。

❸ **な형용사 :** 어간 / だった

ちょっと不便(ふべん)かもしれません。

有名(ゆうめい)だったかもしれません。

❹ **명사 :** 명사 / だった

学生(がくせい)かもしれません。

恋人(こいびと)だったかもしれません。

단어

結婚(けっこん)**する** 결혼하다 | **どこかで** 어딘가에서 | **遊**(あそ)**ぶ** 놀다 | **もう** 이미, 벌써 | **辞**(や)**める** 그만두다 | **不便**(ふべん)**だ** 불편하다 | **恋人**(こいびと) 연인

2 ～だろう ～이겠지
～でしょう ～이겠지요

❶ **동사 :** る/ている/た

彼(かれ)はきっと来(く)るでしょう。

今(いま)図書館(としょかん)で勉強(べんきょう)しているでしょう。

もう出発(しゅっぱつ)したでしょう。

❷ **い형용사 :** い/かった

たぶんとても忙(いそが)しいでしょう。

パーティーは楽(たの)しかったでしょう。

❸ **な형용사 :** 어간/だった

とても便利(べんり)でしょう。

有名(ゆうめい)だったでしょう。

❹ **명사 :** 명사/だった

明日(あした)は晴(は)れでしょう。

いい先生(せんせい)だったでしょう。

단어

きっと 꼭, 반드시 | **図書館**(としょかん) 도서관 | **出発**(しゅっぱつ) 출발 | **たぶん** 아마 | **便利**(べんり)**だ** 편리하다 | **晴**(は)**れ** 맑음

3 ～はず 〈강한 추측〉

1. ～はずだ　～일 것이다, ～할 것이다

昨日(きのう)ボーナスをもらったからお金(かね)があるはずです。

金(キム)さんは山田(やまだ)さんの電話番号(でんわばんごう)を知(し)っているはずです。

2. ～はずがない　～일 리가 없다, ～할 리가 없다

教室(きょうしつ)にまだ学生(がくせい)たちがいるはずがないです。

親切(しんせつ)な彼女(かのじょ)がそんなことをするはずがないです。

단어

ボーナス 보너스 | **もらう** 받다 | **電話番号**(でんわばんごう) 전화번호

LET'S TALK

I 다음 보기와 같이 연습해 보세요.

MP3 Lesson 08-2

| 보기 |

A: ナさんがきれいな服(ふく)を着(き)ていますね。

B: そうですね。今日(きょう)お見合(みあ)いするかもしれません。

1 A: 姜(カン)さんが遅(おそ)いですね。

B: (残業(ざんぎょう)がある)

2 A: 山田(やまだ)さんが嬉(うれ)しそうですね。

B: (デートがある)

3 A: 田中(たなか)さんが寂(さび)しそうですね。

B: (失恋(しつれん)した)

4 A: ナさんが悲(かな)しそうですね。

B: (試験(しけん)に落(お)ちた)

단어

お見合(みあ)いする 맞선 보다 | 嬉(うれ)しい 기쁘다 | 寂(さび)しい 쓸쓸하다 | 失恋(しつれん)する 실연하다 | 悲(かな)しい 슬프다

Ⅱ 다음 보기와 같이 연습해 보세요.

| 보기 |

A: 今頃(いまごろ)、金(キム)さんは何(なに)をしているでしょうか。

B: そうですね。たぶん友達(ともだち)と遊(あそ)んでいるでしょう。

1 A: 先生(せんせい)はどんな料理(りょうり)が好(す)きでしょうか。

B: (日本料理(にほんりょうり)が好(す)きだ)

2 A: 中村(なかむら)さんはパーティーに来(く)るでしょうか。

B: (来(こ)ない)

3 A: 今年(ことし)の試験(しけん)は難(むずか)しいでしょうか。

B: (かなり難(むずか)しい)

4 A: 今頃(いまごろ)、日本(にほん)に着(つ)いたでしょうか。

B: (もう着(つ)いた)

5 A: あの人(ひと)は誰(だれ)でしょうか。

B: (姜(カン)さんの友達(ともだち))

단어

今頃(いまごろ) 지금쯤 | **たぶん** 아마도 | **パーティー** 파티 | **かなり** 꽤, 상당히 | **着**(つ)**く** 도착하다

III 다음 보기와 같이 연습해 보세요.

| 보기 |
A: 金(キム)さんは勉強(べんきょう)をしているでしょう。
B: いいえ、金(キム)さんが勉強(べんきょう)をしているはずがないです。

1 彼女(かのじょ)は今年(ことし)就職(しゅうしょく)する

2 山田(やまだ)さんはナさんと結婚(けっこん)する

3 今(いま)、山田(やまだ)さんはお酒(さけ)を飲(の)んでいる

4 金(キム)さんは来年会社(らいねんかいしゃ)を辞(や)める

5 あの映画(えいが)は面白(おもしろ)い

단어

就職(しゅうしょく)する 취직하다 | **辞(や)める** 그만두다

EXERCISE

다음 빈칸에 알맞은 말을 넣어 보세요.

❶ 선생님은 매우 기뻐할 거예요. (大変(たいへん) / 喜(よろこ)ぶ)

先生(せんせい)は ______________________________

❷ 지금쯤 친구들이랑 술 마시고 있을 거예요. (お酒(さけ)を飲(の)む)

今頃(いまごろ) ______________________________

❸ 내일은 휴일이니까 한가할 거예요. (暇(ひま)だ)

明日(あした)は ______________________________

❹ 회의에 좀 늦을지도 모르겠습니다. (遅(おく)れる)

会議(かいぎ)に ______________________________

❺ 그녀가 모를 리가 없습니다. (知(し)らない)

彼女(かのじょ)が ______________________________

단어

大変(たいへん) 매우 | **喜**(よろこ)**ぶ** 기뻐하다 | **休**(やす)**み** 휴일 | **ちょっと** 좀, 조금 | **遅**(おく)**れる** 늦다

한자 연습

急
급할 급

음독 急(きゅう) 훈독 急(いそ)ぐ ノ ク 刍 刍 刍 刍 急 急 急

急	急	急	急	急	急

入
들 입

음독 にゅう 훈독 入(い)る / 入(い)れる / 入(はい)る ノ 入

入	入	入	入	入	入

きゅう よう
急用
급한 일

急用	急用	急用	急用	急用	急用

きゅう こう
急行
급 행

急行	急行	急行	急行	急行	急行

にゅう がく
入学
입 학

入学	入学	入学	入学	入学	入学

にゅう いん
入院
입 원

入院	入院	入院	入院	入院	入院

외래어 연습

ボーナス 보너스

ボーナス	ボーナス	ボーナス	ボーナス

パーティー 파티

パーティー	パーティー	パーティー	パーティー

FUN & TALK

여러분의 상상력을 발휘하여 그림을 보면서 어떤 상황인지를 말해 보세요.

～かもしれません

A 강한척 씨가 회사를 결근하다

1

家で休んでいる（いえ・やす）

집에서 쉬고 있다

2

ストレスでお酒を飲んでいる（さけ・の）

스트레스로 술을 마시고 있다

4

事故で入院した（じこ・にゅういん）

사고로 입원했다

3

出張に行った（しゅっちょう・い）

출장을 갔다

5

旅行に行った（りょこう・い）

여행을 갔다

B 나민아 씨가 꽃단장하고 기뻐하고 있다

1

コンサートに行(い)く

콘서트에 가다

2

デートがある

데이트가 있다

4

先生(せんせい)のお宅(たく)を訪問(ほうもん)する

선생님 댁을 방문하다

3

お見合(みあ)いをする

맞선을 보다

5

誕生日(たんじょうび)

생일

LESSON 09

何(なん)メートルぐらい泳(およ)げますか。

몇 미터 정도 수영할 수 있어요?

표현 익히기 가능동사 / ～(ことが)できる / ～たばかりだ

Dialogue

MP3 09-1

姜(カン)： 「趣味(しゅみ) – 音楽(おんがく)・映画(えいが) / 特技(とくぎ) – 日本語(にほんご)・中国語(ちゅうごくご)・水泳(すいえい)」

山田(やまだ)： 姜(カン)さん、いっしょうけんめい何(なに)を書(か)いていますか。

姜(カン)： まあ～、ちょっと。自己紹介(じこしょうかい)のために。

山田(やまだ)： わあ～、姜(カン)さんすごいですね。中国語(ちゅうごくご)もできるんですか。

姜(カン)： へへ、ちょっと話(はな)せるぐらいです。3ヶ月(さんげつ)ぐらい習(なら)いました。

山田(やまだ)： お、それに水泳(すいえい)が上手(じょうず)なんですね。
何(なん)メートルぐらい泳(およ)げますか。

姜(カン)： それが…、先月(せんげつ)から水泳(すいえい)を始(はじ)めたばかりで、
50(ごじゅう)メートルぐらいは泳(およ)げますが…。

山田(やまだ)： えー。じゃ、この自己紹介(じこしょうかい)ちょっと信(しん)じられませんね。

姜(カン)： 分(わ)かりましたよ。今(いま)すぐ直(なお)しますよ。
「趣味(しゅみ) – お酒(さけ)・歌(うた)・踊(おど)り / 特技(とくぎ) – 無(な)し」
これでいいですか。

강한척: '취미 – 음악 · 영화 / 특기 – 일본어 · 중국어 · 수영'
야마다: 한척 씨, 무엇을 열심히 쓰고 있습니까?
강한척: 뭐, 좀. 자기소개 때문에.
야마다: 와~, 한척 씨 대단하네요. 중국어도 할 줄 아세요?
강한척: 헤헤, 조금 말할 수 있을 정도입니다. 3개월 정도 배웠습니다.
야마다: 아, 또 수영을 잘하는군요. 몇 미터 정도 수영할 수 있어요?
강한척: 그게…, 지난달부터 수영을 배우기 시작해서
50미터 정도는 갈 수 있는데요.
야마다: 아…. 그럼, 이 자기소개는 좀 믿을 수 없겠네요.
강한척: 알았어요. 지금 바로 고칠게요.
'취미 – 술 · 노래 · 춤 / 특기 – 없음'
이제 됐나요?

단어

趣味(しゅみ) 취미 | **特技**(とくぎ) 특기 | **水泳**(すいえい) 수영 | **自己紹介**(じこしょうかい) 자기소개 | **~のために** ~때문에 | **すごい** 굉장하다 | **できる** 가능하다, 할 수 있다 | **話**(はな)**せる** 말할 수 있다 | **習**(なら)**う** 배우다 | **メートル** 미터 | **泳**(およ)**げる** 헤엄칠 수 있다 | **始**(はじ)**める** 시작하다 | **~たばかり** 막 ~함 | **信**(しん)**じる** 믿다 | **直**(なお)**す** 고치다, 수정하다 | **踊**(おど)**り** 춤 | **無**(な)**し** 없음

GRAMMAR

1 가능 표현

1. 가능동사

Ⅰ그룹 동사 (5단 동사)	う단 → え단 + る	会(あ)う	➡ 会(あ)える
		書(か)く	➡ 書(か)ける
		急(いそ)ぐ	➡ 急(いそ)げる
		話(はな)す	➡ 話(はな)せる
		立(た)つ	➡ 立(た)てる
		死(し)ぬ	➡ 死(し)ねる
		飛(と)ぶ	➡ 飛(と)べる
		読(よ)む	➡ 読(よ)める
		座(すわ)る	➡ 座(すわ)れる
Ⅱ그룹 동사 (상하 1단 동사)	어간 + られる	着(き)る	➡ 着(き)られる
		見(み)る	➡ 見(み)られる
		教(おし)える	➡ 教(おし)えられる
		覚(おぼ)える	➡ 覚(おぼ)えられる
Ⅲ그룹 동사 (불규칙 동사)		来(く)る	➡ 来(こ)られる
		する	➡ できる

단어

急(いそ)ぐ 서두르다 | **立(た)つ** 서다 | **飛(と)ぶ** 날다 | **座(すわ)る** 앉다 | **着(き)る** 입다 | **教(おし)える** 가르치다 | **覚(おぼ)える** 외우다, 암기하다

2. 명사 + ～ができる

日本語(にほんご)ができます。

水泳(すいえい)ができます。

3. 동사의 기본형 + ～ことができる

日本料理(にほんりょうり)を作(つく)ることができます。

英語(えいご)でレポートを書(か)くことができます。

2 ～たばかりだ　～한 지 얼마 안 되다

この前引越(まえひっこ)したばかりです。

結婚(けっこん)したばかりの新婚夫婦(しんこんふうふ)です。

運転免許(うんてんめんきょ)を取(と)ったばかりで、まだ運転(うんてん)が下手(へた)です。

단어

引越(ひっこ)**す** 이사하다 | **新婚夫婦**(しんこんふうふ) 신혼부부 | **運転免許**(うんてんめんきょ) 운전면허 | **取**(と)**る** 따다, 취득하다

あの…

LET'S TALK

I 다음 보기와 같이 연습해 보세요.

MP3 Lesson 09-2

| 보기 |

英語(えいご)でレポートを書(か)くことができます。

➡ 英語(えいご)でレポートが書(か)けます。

この病気(びょうき)は治(なお)すことができません。

➡ この病気(びょうき)は治(なお)せません。

1 いつでも海外(かいがい)へ行(い)くことができます。

2 郵便局(ゆうびんきょく)で特産物(とくさんぶつ)を買(か)うことができます。

3 コンビニで小包(こづつみ)を送(おく)ることができます。

4 この漢字(かんじ)は難(むずか)しくて読(よ)むことができません。

5 サイズが小(ちい)さくて着(き)ることができません。

단어

病気(びょうき) 병 | 治(なお)す 고치다 | 郵便局(ゆうびんきょく) 우체국 | 特産物(とくさんぶつ) 특산물 | 小包(こづつみ) 소포 | 送(おく)る 보내다 | 漢字(かんじ) 한자 | サイズ 사이즈

Ⅱ 다음 보기와 같이 연습해 보세요.

| 보기 |

A: この漢字(かんじ)が読(よ)めますか。

B: はい、読(よ)めます。/ いいえ、読(よ)めません。

1 ギターを弾(ひ)く / はい

2 自転車(じてんしゃ)に乗(の)る / はい

3 日本語(にほんご)で説明(せつめい)する / いいえ

Ⅲ 다음 보기와 같이 연습해 보세요.

| 보기 |

この前(まえ)、車(くるま)を買(か)いました。

➡ 車(くるま)を買(か)ったばかりです。

1 10分前(じゅっぷんまえ)、授業(じゅぎょう)が始(はじ)まりました。

2 今朝(けさ)からジョギングを始(はじ)めました。

3 昨日(きのう)、店(みせ)をオープンしました。

4 一週間前(いっしゅうかんまえ)、就職(しゅうしょく)しました。

5 先月(せんげつ)、開業(かいぎょう)しました。

단어

ギター 기타 | **弾**(ひ)**く** 연주하다, 치다 | **自転車**(じてんしゃ) 자전거 | **授業**(じゅぎょう) 수업 | **ジョギング** 조깅 | **オープン** 오픈 | **就職**(しゅうしょく) 취직 | **開業**(かいぎょう) 개업

EXERCISE

다음 빈칸에 알맞은 말을 넣어 보세요.

1 휴대폰으로 송금할 수 있습니다. (送金(そうきん))

ケータイで ______________________

2 여기에는 주차할 수 없습니다. (駐車(ちゅうしゃ))

ここには ______________________

3 내용이 많아 전부 외울 수 없습니다. (覚(おぼ)える)

内容(ないよう)が ______________________

4 얼마 전에 산 카메라입니다. (買(か)う)

この前(まえ) ______________________

5 일본어 공부를 시작한 지 얼마 되지 않아 아직 서툽니다. (始(はじ)める / 下手(へた)だ)

日本語(にほんご)の ______________________

단어

ケータイ 휴대폰 | **送金**(そうきん) 송금 | **駐車**(ちゅうしゃ) 주차 | **内容**(ないよう) 내용 | **覚**(おぼ)**える** 외우다, 암기하다 | **この前**(まえ) 얼마 전, 며칠 전 | **〜たばかりだ** 〜한 지 얼마 안 되다 | **まだ** 아직

한자 연습

習
익힐 습

음독 しゅう　훈독 習(なら)う

ㄱ ㅋ ㅋ 羽 羽 羽 羽 羽 習 習 習

習	習	習	習	習	習

開
열 개

음독 かい　훈독 開(あ)く / 開(あ)ける / 開(ひら)く

丨 ㄱ 戸 戸 戸 門 門 門 門 閂 開 開

開	開	開	開	開	開

練習(れんしゅう)
연 습

練習	練習	練習	練習	練習	練習

復習(ふくしゅう)
복 습

復習	復習	復習	復習	復習	復習

開店(かいてん)
개 점

開店	開店	開店	開店	開店	開店

開発(かいはつ)
개 발

開発	開発	開発	開発	開発	開発

외래어 연습

ジョギング 조깅

ジョギング	ジョギング	ジョギング	ジョギング

オープン 오픈

オープン	オープン	オープン	オープン

FUN & TALK

여러분은 다음 중에서 무엇을 할 수 있나요?

英語(えいご)
영어

日本語(にほんご)
일본어

中国語(ちゅうごくご)
중국어

フランス語(ご)
프랑스 어

ドイツ語(ご)
독일어

スペイン語(ご)
스페인 어

りょうり
料理
요리

サッカー
축구

やきゅう
野球
야구

バスケットボール
농구

スキー
스키

ゴルフ
골프

テニス
테니스

テコンドー
태권도

水泳
수영

LESSON
10 新入社員の中にすごい人がいるらしいですよ。
신입사원 중에 굉장한 사람이 있다고 하네요.

표현 익히기 추량 표현 ~らしい와 ~ようだ

Dialogue

MP3 10-1

姜(カン): 田中(たなか)さん！ ビッグニュース！ スクープ！
今度(こんど)の新入社員(しんにゅうしゃいん)の中(なか)にすごい人(ひと)がいるらしいですよ。

田中(たなか): え、どんな人(ひと)ですか。

姜(カン): まるでモデルのようにきれいで、
英語(えいご)も日本語(にほんご)もペラペラだそうです。

田中(たなか): わあ～、すごいですね。

姜(カン): なんだかとうとう運命(うんめい)の人(ひと)に出会(であ)えるような
いい予感(よかん)！ よ～し！
さっそく明日(あした)から彼女(かのじょ)にアタックしてみなきゃ。

田中(たなか): やれやれ。うまく行(い)くといいですけど。
まあ、とにかく頑張(がんば)ってください。ファイト！

강한척: 다나카 씨! 빅 뉴스예요! 특종!
이번 신입사원 중에 굉장한 사람이 있다고 하네요.
다나카: 아, 어떤 사람이에요?
강한척: 마치 모델처럼 예쁘고 영어도 일본어도 능숙하다고 합니다.
다나카: 와~, 굉장하네요.
강한척: 왠지 마침내 운명의 사람을 만날 수 있을 것 같은
좋은 예감이 들어요!
좋았어! 당장 내일부터 그녀에게 대시해야겠어요.
다나카: 거참. 잘 되면 다행이지만.
뭐, 아무튼 힘내세요. 파이팅!

단어

ビッグニュース 빅 뉴스 | **スクープ** 특종 | **新入社員**(しんにゅうしゃいん) 신입사원 | **～らしい** ~인 것 같다 | **まるで** 마치 | **モデル** 모델 | **ペラペラ** 술술(말을 거침없이 하는 모양) | **なんだか** 어쩐지, 왠지 | **とうとう** 드디어, 마침내 | **運命**(うんめい) 운명 | **出会**(であ)**う** 만나다 | **予感**(よかん) 예감 | **よし** 자, 좋아 | **さっそく** 재빨리, 당장 | **アタック** 도전(attack), 대시 | **～なきゃ** ～なければ의 축약형 | **やれやれ** 어이구, 맙소사, 거참 | **うまく行**(い)**く** (일이) 잘 되다 | **まあ** 뭐, 그럭저럭 | **とにかく** 아무튼, 어쨌든 | **頑張**(がんば)**る** 힘내다, 열심히 하다 | **ファイト** 파이팅

GRAMMAR

1 ~らしい　~인 것 같다

1. 추측의 조동사　~인 것 같다

❶ **동사 :** る / ている / た

明日(あした)出張(しゅっちょう)に行(い)くらしいです。

結婚(けっこん)しているらしいです。

試験(しけん)に落(お)ちたらしいです。

❷ **い형용사 :** い / かった

お金(かね)がないらしいです。

試験(しけん)は大変(たいへん)難(むずか)しかったらしいです。

❸ **な형용사 :** 어간 / だった

いろいろと心配(しんぱい)らしいです。

パーティーはとても賑(にぎ)やかだったらしいです。

❹ **명사 :** 명사 / だった

彼女(かのじょ)は山田(やまだ)さんの恋人(こいびと)らしいです。

前(まえ)の会社(かいしゃ)の同僚(どうりょう)だったらしいです。

2. 접미어(명사+らしい)　~답다, ~다운

子供(こども)らしい子供(こども)が好(す)きです。

君(きみ)らしくないね。

단어

出張(しゅっちょう) 출장 | **試験**(しけん) 시험 | **賑**(にぎ)**やかだ** 번잡하다, 북적거리다 | **恋人**(こいびと) 연인 | **同僚**(どうりょう) 동료 | **君**(きみ) 자네, 너

2 ~ようだ ~인 것 같다

1. 추측의 조동사

❶ **동사 :** る / ている / た

誰(だれ)か好(す)きな人(ひと)がいるようです。

なんだか秘密(ひみつ)を知(し)っているようです。

恋人(こいびと)にふられたようです。

❷ **い형용사 :** い / かった

気分(きぶん)が悪(わる)いようです。

時間(じかん)がなかったようです。

❸ **な형용사 :** −な / だった

この頃(ごろ)暇(ひま)なようです。

彼女(かのじょ)のことが好(す)きだったようです。

❹ **명사 :** −の / だった

あの指輪(ゆびわ)はペアーリングのようです。

すごいショックだったようです。

단어

秘密(ひみつ) 비밀 | **ふられる** 차이다 | **指輪**(ゆびわ) 반지 | **ペアーリング** 커플링(pair ring) | **ショック** 쇼크

2. 비유

❶ 명사＋のようだ ~인 것 같다

あの二人(ふたり)はまるで兄弟(きょうだい)のようです。

日本語(にほんご)がペラペラで日本人(にほんじん)のようです。

❷ ~ような (명사 수식형) ~같은

彼女(かのじょ)はお城(しろ)のような家(いえ)に住(す)んでいます。

私(わたし)にはまるで夢(ゆめ)のような話(はなし)です。

❸ ~ように (부사형) ~같이, ~처럼

人形(にんぎょう)のようにかわいい赤(あか)ちゃんですね。

鳥(とり)のように空(そら)を飛(と)びたいです。

단어

まるで 마치 | **ペラペラ** 술술(말을 거침없이 하는 모양) | **お城**(しろ) 성 | **住**(す)**む** 살다 | **夢**(ゆめ) 꿈 | **人形**(にんぎょう) 인형 | **鳥**(とり) 새 | **空**(そら) 하늘 | **飛**(と)**ぶ** 날다

あの…

LET'S TALK

I 다음 보기와 같이 연습해 보세요.

MP3 Lesson 10-2

| 보기 |

A: 彼女(かのじょ)、元気(げんき)ないですね。

B: このごろ仕事(しごと)で大変(たいへん)らしいです。

1 A: 彼(かれ)、とてもうれしそうですね。

B: (明日(あした)から一週間海外旅行(いっしゅうかんかいがいりょこう)に行(い)く)

2 A: 彼女(かのじょ)、とてもうれしそうですね。

B: (試験(しけん)に受(う)かった)

3 A: あの店(みせ)はいつも混(こ)んでいますね。

B: (料理(りょうり)がとてもおいしい)

4 A: 彼(かれ)、元気(げんき)ないですね。

B: (両親(りょうしん)のことが心配(しんぱい)だ)

5 A: あの人(ひと)は誰(だれ)ですか。

B: (金(キム)さんの恋人(こいびと))

단어

大変(たいへん)**だ** 큰일이다, 힘들다 | **うれしい** 기쁘다 | **海外**(かいがい) 해외 | **旅行**(りょこう)**に行**(い)**く** 여행을 가다 | **試験**(しけん)**に受**(う)**かる** 시험에 합격하다 | **混**(こ)**む** 붐비다

Ⅱ 다음 보기와 같이 연습해 보세요.

| 보기 |

A: 隣(となり)の教室(きょうしつ)はとても静(しず)かですね。

B: そうですね。誰(だれ)もいないようです。

1 A: 具合(ぐあ)いはどうですか。

B: (ちょっと熱(ねつ)がある)

2 A: 味(あじ)はどうですか。

B: (ちょっと辛(から)い)

3 A: この服(ふく)はどうですか。

B: (ちょっと派手(はで)だ)

4 A: あの人(ひと)は誰(だれ)ですか。

B: (大学時代(だいがくじだい)の友達(ともだち))

단어

隣(となり) 이웃, 옆 | **教室**(きょうしつ) 교실 | **静**(しず)**かだ** 조용하다 | **具合**(ぐあ)**い** 상태, 형편 | **熱**(ねつ) 열 | **味**(あじ) 맛 | **辛**(から)**い** 맵다 | **派手**(はで)**だ** 화려하다 | **大学時代**(だいがくじだい) 대학시절

Ⅲ 다음 보기와 같이 연습해 보세요.

|보기|

モデル / きれいだ

➡ わあ～、まるでモデルのようにきれいですね。

1 雪(ゆき) / 肌(はだ)が白(しろ)い

2 歌手(かしゅ) / 歌(うた)が上手(じょうず)だ

3 砂糖(さとう) / 甘(あま)い

4 俳優(はいゆう) / ハンサムだ

5 人形(にんぎょう) / かわいい

단어

雪(ゆき) 눈 | **肌**(はだ) 피부 | **白**(しろ)**い** 하얗다 | **歌手**(かしゅ) 가수 | **上手**(じょうず)**だ** 능숙하다, 잘하다 | **砂糖**(さとう) 설탕 | **甘**(あま)**い** 달다 | **俳優**(はいゆう) 배우 | **人形**(にんぎょう) 인형

EXERCISE

다음 빈칸에 알맞은 말을 넣어 보세요.

❶ 요즘 일본에서 한국 드라마가 인기가 있는 것 같습니다. (人気(にんき)がある)

この頃(ごろ) ____________________

❷ 이 노래는 일본에서도 유명한 것 같습니다. (有名(ゆうめい)だ)

この歌(うた)は ____________________

❸ 이 김치가 더 매운 것 같습니다. (辛(から)い)

このキムチが ____________________

❹ 그녀는 마치 모델처럼 예쁩니다. (きれいだ)

彼女(かのじょ)は ____________________

❺ 마치 장난감 같은 카메라입니다. (おもちゃ)

まるで ____________________

단어

ドラマ 드라마 | **キムチ** 김치 | **もっと** 더, 더욱 | **おもちゃ** 장난감

한자 연습

住

살 주

음독 じゅう　훈독 住(す)む / 住(す)まい　ノ イ 亻 仁 仨 住 住

住	住	住	住	住	住

味

맛 미

음독 み　훈독 味(あじ)　丨 口 口 口一 口二 吽 味 味

味	味	味	味	味	味

住所（じゅう しょ）주 소

住所	住所	住所	住所	住所	住所

住民（じゅう みん）주 민

住民	住民	住民	住民	住民	住民

意味（い み）의 미

意味	意味	意味	意味	意味	意味

趣味（しゅ み）취 미

趣味	趣味	趣味	趣味	趣味	趣味

외래어 연습

ペアーリング 커플링

ペアーリング	ペアーリング	ペアーリング	ペアーリング

ショック 쇼크

ショック	ショック	ショック	ショック

FUN & TALK

강한척 씨가 소개팅에 나갔습니다. 다음 그림을 보면서 어떤 상황인지 추측해 보세요

1

相手(あいて)が遅(おく)れるらしい
상대방이 늦는 것 같다

待(ま)っているらしい
기다리고 있는 것 같다

2

気(き)に入(い)ったらしい
마음에 드는 것 같다

気(き)に入(い)らないらしい
마음에 들지 않는 것 같다

3

料理(りょうり)がおいしいらしい
음식이 맛있는 것 같다

料理(りょうり)がおいしくないらしい
음식이 맛없는 것 같다

4

デートが楽(たの)しいらしい

데이트가 즐거운 것 같다

デートが面白(おもしろ)くないらしい

데이트가 재미없는 것 같다

5

困(こま)っているらしい

곤란해하는 것 같다

お金(かね)がないらしい

돈이 없는 것 같다

6

失望(しつぼう)したらしい

실망한 것 같다

二度(にど)と会(あ)わないつもりらしい

다시 만나지 않을 생각인 것 같다

LESSON 11

いろいろなお寿司(すし)が回(まわ)っていますね。

여러 가지 초밥이 돌아가고 있네요.

표현 익히기 자동사와 타동사 / 상태를 나타내는 두 가지 표현

Dialogue

MP3 11-1

山田(やまだ)：ナさん、この前(まえ)新(あたら)しくできた回転寿司屋(かいてんずしや)にいっしょに行(い)きませんか。一度(いちど)行(い)ってみましたけど、本当(ほんとう)に気(き)に入(い)りまして…。

ナ：わあ～、いいですよ。私(わたし)も一度(いちど)行(い)ってみたいと思(おも)っていたところなんです。仕事(しごと)の後(あと)さっそく行(い)ってみましょう。

(회전 초밥집)

ナ：わあ～、いろいろなお寿司(すし)がたくさん回(まわ)っていますね。じゃ、いただきます。

山田(やまだ)：このお店(みせ)はお寿司(すし)もおいしいですけど、インテリアや雰囲気(ふんいき)もまったく日本(にほん)のお店(みせ)みたいです。

ナ：そうですね。レジの前(まえ)に招(まね)き猫(ねこ)が置(お)いてあるのも日本(にほん)と同(おな)じ…。

山田(やまだ)：じゃ、今日(きょう)は勘定(かんじょう)も日本式(にほんしき)にしましょうか。割(わ)り勘(かん)で…。

ナ：え、それはちょっと…。高(たか)いのばかり食(た)べたのに…。

야마다： 민아 씨, 얼마 전에 새로 생긴 회전 초밥집에 같이 안 갈래요? 한번 가 봤는데 정말 마음에 들어서…….

나민아： 와~, 좋아요. 저도 한번 가 보고 싶다고 생각하고 있던 참이에요. 일이 끝난 후에 바로 가 보죠.

(회전 초밥집)

나민아： 와~, 여러 가지 초밥이 많이 돌아가고 있네요. 그럼, 잘 먹겠습니다.

야마다： 이 가게는 초밥도 맛있지만, 인테리어나 분위기도 정말 일본 가게 같아요.

나민아： 그렇네요. 계산대 앞에 고양이 인형이 놓여 있는 것도 일본과 같네요.

야마다： 그럼, 오늘은 계산도 일본식으로 할까요? 각자 부담으로…….

나민아： 어, 그건 좀…. 비싼 것만 먹었는데….

단어

この前(まえ) 얼마 전 | **できる** 생기다 | **回転寿司屋**(かいてんずしや) 회전 초밥집 | **気**(き)**に入**(い)**る** 마음에 들다 | **さっそく** 얼른, 재빨리 | **お寿司**(すし) 초밥 | **インテリア** 인테리어 | **雰囲気**(ふんいき) 분위기 | **まったく** 꼭, 정말 | **レジ** 계산대 | **招**(まね)**き猫**(ねこ) 복을 부르는 고양이 인형 | **同**(おな)**じだ** 같다 | **勘定**(かんじょう) 계산 | **日本式**(にほんしき) 일본식 | **割**(わ)**り勘**(かん) 각자 부담

GRAMMAR

1 ～てみる　～해 보다

日本(にほん)の料理(りょうり)を作(つく)ってみました。

彼女(かのじょ)と一度(いちど)話(はな)してみたいです。

日本(にほん)に行(い)ってみたいと思(おも)っています。

2 ～てある　～해 있다 (타동사 행위가 완료된 상태)

住所(じゅうしょ)が書(か)いてあります。

人形(にんぎょう)が置(お)いてあります。

駐車場(ちゅうしゃじょう)に車(くるま)が止(と)めてあります。

3 ～ところだ　～참이다

今(いま)からご飯(はん)を食(た)べるところです。

ご飯(はん)を食(た)べているところです。

今(いま)、ご飯(はん)を食(た)べたところです。

단어

料理(りょうり)**を作**(つく)**る** 요리를 만들다 | **一度**(いちど) 한 번 | **住所**(じゅうしょ) 주소 | **人形**(にんぎょう) 인형 | **置**(お)**く** 놓다 | **駐車場**(ちゅうしゃじょう) 주차장 | **止**(と)**める** 세우다 | **ご飯**(はん) 밥

4 자동사와 타동사

자동사	타동사
-aる	-eる
始(はじ)まる 시작되다 終(お)わる 끝나다 決(き)まる 정해지다 止(と)まる 멈추다 閉(し)まる 닫히다 かかる 걸리다 上(あ)がる 오르다 下(さ)がる 내리다 集(あつ)まる 모이다	始(はじ)める 시작하다 終(お)える 끝내다 決(き)める 정하다 止(と)める 세우다 閉(し)める 닫다 かける 걸다 上(あ)げる 올리다 下(さ)げる 내리다 集(あつ)める 모으다
-る	-す
起(お)きる 일어나다 出(で)る 나가다, 나오다 落(お)ちる 떨어지다 消(き)える 꺼지다	起(おこ)す 일으키다 出(だ)す 꺼내다 落(おと)す 떨어뜨리다 消(け)す 끄다
-	-eる
開(あ)く 열리다 つく 붙다 並(なら)ぶ 늘어서다 入(はい)る 들어가다, 들어오다	開(あ)ける 열다 つける 붙이다 並(なら)べる 나란히 세우다 入(い)れる 넣다

5 상태를 나타내는 두가지 표현

자동사 + ている	타동사 + てある	
ドアが開(あ)いている	ドアが開(あ)けてある	문이 열려 있다
ドアが閉(し)まっている	ドアが閉(し)めてある	문이 닫혀 있다
電気(でんき)がついている	電気(でんき)がつけてある	전기가 켜져 있다
電気(でんき)が消(き)えている	電気(でんき)が消(け)してある	전기가 꺼져 있다
車(くるま)が止(と)まっている	車(くるま)が止(と)めてある	차가 멈춰 있다
お金(かね)が入(はい)っている	お金(かね)が入(い)れてある	돈이 들어 있다
カギがかかっている	カギがかけてある	열쇠가 잠겨 있다

단어

消(け)す 끄다 | 止(と)める 멈추다, 서다 | カギ 열쇠

あの…

LET'S TALK

I 다음 보기와 같이 연습해 보세요.

MP3 Lesson 11-2

|보기| テーブルの上(うえ)に花瓶(かびん)を置(お)きました。

➡ テーブルの上(うえ)に花瓶(かびん)が置(お)いてあります。

1 ノートに名前(なまえ)を書(か)きました。

➡ ______________________________

2 コーヒーに砂糖(さとう)を入(い)れました。

➡ ______________________________

3 ドアにカギをかけました。

➡ ______________________________

4 レストランの予約(よやく)をしました。

➡ ______________________________

5 窓(まど)を開(あ)けました。

➡ ______________________________

단어

花瓶(かびん)**を置**(お)**く** 꽃병을 놓다 | **名前**(なまえ)**を書**(か)**く** 이름을 쓰다 | **砂糖**(さとう)**を入**(い)**れる** 설탕을 넣다 | **カギをかける** 열쇠를 잠그다 | **レストラン** 레스토랑 | **予約**(よやく) 예약

LET'S TALK

Ⅱ 다음 그림을 보면서 연습해 보세요.

| 보기 |

ドアは開(あ)いていますか。

➡ はい、ドアは開(あ)けてあります。

1　電気(でんき)はついていますか。

➡ はい、＿＿＿＿＿＿＿＿＿＿＿＿＿＿。

2　窓(まど)は閉(し)まっていますか。

➡ はい、＿＿＿＿＿＿＿＿＿＿＿＿＿＿。

3　絵(え)はかかっていますか。

➡ はい、＿＿＿＿＿＿＿＿＿＿＿＿＿＿。

4　テレビは消(き)えていますか。

➡ はい、＿＿＿＿＿＿＿＿＿＿＿＿＿＿。

5　机(つくえ)の上(うえ)に本(ほん)は出(で)ていますか。

➡ はい、＿＿＿＿＿＿＿＿＿＿＿＿＿＿。

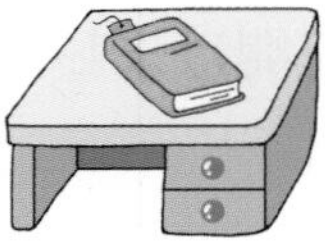

단어

電気(でんき) 전기, 불 ｜ **窓**(まど) 창문 ｜ **消**(き)**える** 꺼지다

EXERCISE

다음 빈칸에 알맞은 말을 넣어 보세요.

❶ 기모노를 한번 입어 보고 싶습니다. (着(き)る)

着物(きもの) ______________________________

❷ 집 앞에 차가 세워져 있습니다. (止(と)める)

家(いえ)の前(まえ)に ______________________________

❸ 깨끗이 청소되어 있습니다. (掃除(そうじ))

きれいに ______________________________

❹ 책상 위에 편지가 놓여 있습니다. (置(お)く)

机(つくえ)の上(うえ)に ______________________________

❺ 지금 음악을 듣고 있는 참입니다. (聞(き)く)

今(いま) ______________________________

단어

着物(きもの) 기모노 | **掃除**(そうじ) 청소 | **手紙**(てがみ) 편지 | **置**(お)**く** 두다, 놓다 | **音楽**(おんがく) 음악

EXERCISE

한자 연습

所
바 소

음독 しょ 훈독 ところ

所 所 所 所 所 所

割
나눌 할

음독 かつ 훈독 わり / 割(わ)る / 割(さ)く

割 割 割 割 割 割

長所(ちょうしょ)
장 점

長所 長所 長所 長所 長所 長所

分割(ぶんかつ)
분 할

分割 分割 分割 分割 分割 分割

割引(わりびき)
할 인

割引 割引 割引 割引 割引 割引

役割(やくわり)
역 할

役割 役割 役割 役割 役割 役割

외래어 연습

ページ 페이지

ページ ページ ページ ページ

ガイド 가이드

ガイド ガイド ガイド ガイド

ホテル 호텔

ホテル ホテル ホテル ホテル

FUN & TALK

그림을 보면서 일본의 주택 구조에 대해 얘기해 보세요.

床(とこ)の間(ま)

도코노마

畳(たたみ) / 座布団(ざぶとん)

다다미　　방석

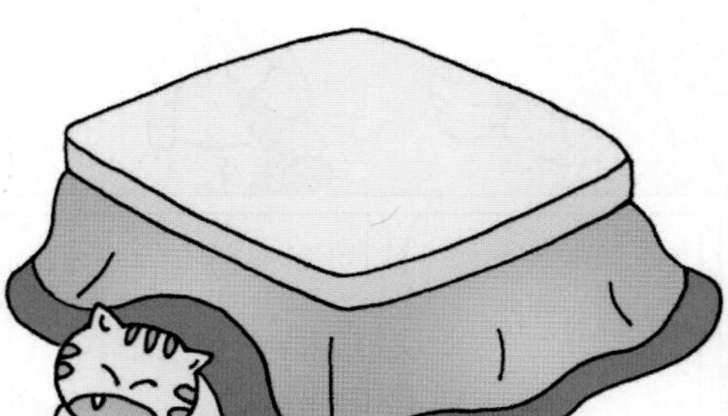

こたつの下(した)に猫(ねこ)がいる

코타츠 밑에 고양이가 있다

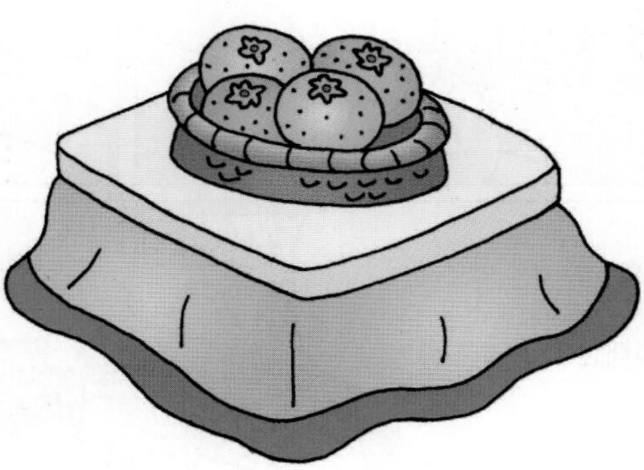

こたつの上(うえ)にみかんがある

코타츠 위에 귤이 있다

LESSON 12

お母様(かあさま)にさしあげる誕生日(たんじょうび)プレゼントですか。

어머니께 드릴 생신 선물 말이에요?

표현 익히기 수수 표현 もらう, あげる, くれる

Dialogue

MP3 12-1

山田(やまだ)：ナさん、来週(らいしゅう)の木曜日(もくようび)は母(はは)の誕生日(たんじょうび)なんですけど、

プレゼントに何(なに)がいいでしょうか。

ナ：お母様(かあさま)にさしあげる誕生日(たんじょうび)プレゼントですか。

さあ～、何(なに)がいいでしょうね。

私(わたし)の場合(ばあい)はいつも現金(げんきん)をあげていますけど。

山田(やまだ)：ご両親(りょうしん)に現金(げんきん)を？ 目上(めうえ)の人(ひと)に大丈夫(だいじょうぶ)ですか。

日本(にほん)ではあまり…。お金(かね)をあげるのは失礼(しつれい)なようで…。

ナ：そうですか。韓国(かんこく)では場合(ばあい)によって違(ちが)いますけど、

普通(ふつう)は喜(よろこ)んで受(う)けとってくれますよ。

山田(やまだ)：そうですか。

야마다： 민아 씨, 다음 주 목요일은 어머니 생신인데,
선물로 무엇이 좋을까요?

나민아： 어머니께 드릴 생신 선물 말이에요?
글쎄요, 뭐가 좋을까요?
저의 경우에는 항상 현금을 드리는데요.

야마다： 부모님께 현금을요? 윗사람에게 괜찮은가요?
일본에서는 별로……. 돈을 주는 것은 실례인 것 같아서…….

나민아： 그래요? 한국에서는 경우에 따라 다르지만,
보통은 기쁘게 받아 줍니다.

야마다： 그렇군요.

단어

プレゼント 선물 | **さしあげる** 드리다 | **さあ** 글쎄 | **場合**(ばあい) 경우 | **現金**(げんきん) 현금 | **あげる** 주다 | **両親**(りょうしん) 부모님 | **目上**(めうえ)**の人**(ひと) 손윗사람 | **大丈夫**(だいじょうぶ)**だ** 괜찮다 | **失礼**(しつれい)**だ** 실례이다 | **～によって** ～에 따라 | **違**(ちが)**う** 다르다 | **普通**(ふつう) 보통 | **喜**(よろこ)**ぶ** 기뻐하다 | **受**(う)**けとる** 받다

1 수수동사

1 もらう (친구, 손아랫사람에게서) 받다
いただく (손윗사람으로부터) 받다

恋人(こいびと)に[から]指輪(ゆびわ)をもらいました。

妹(いもうと)に[から]誕生日(たんじょうび)プレゼントをもらいました。

先生(せんせい)に[から]手紙(てがみ)をいただきました。

2 やる (나 → 동물, 식물, 손아랫사람에게) 주다
あげる (나 → 친구 / 남 → 남) 주다
さしあげる (나, 남 → 손윗사람) 드리다

花(はな)に水(みず)をやります。

友達(ともだち)に辞書(じしょ)をあげます。

先生(せんせい)にお花(はな)をさしあげます。

3 くれる (남, 나의 가족 → 나) 주다
くださる (손윗사람 → 나, 나의 가족) 주시다

母(はは)は私(わたし)に小遣(こづか)いをくれました。

彼(かれ)は私(わたし)にコンサートのチケットをくれました。

先生(せんせい)は弟(おとうと)に本(ほん)をくださいました。

단어

指輪(ゆびわ) 반지 | **プレゼント** 선물 | **手紙**(てがみ) 편지 | **水**(みず) 물 | **辞書**(じしょ) 사전 | **小遣**(こづか)**い** 용돈 | **コンサート** 콘서트 | **チケット** 티켓

2 보조 수수동사

1 ～てやる / ～てあげる　～해 주다

弟(おとうと)に映画(えいが)を見(み)せてやります。

友達(ともだち)に本(ほん)を貸(か)してあげます。

山田(やまだ)さんに友達(ともだち)を紹介(しょうかい)してあげました。

2 ～てくれる / ～てくださる　～해 주다, 주시다

友達(ともだち)は私(わたし)を慰(なぐさ)めてくれました。

両親(りょうしん)は私(わたし)を信(しん)じてくれません。

先生(せんせい)は親切(しんせつ)に説明(せつめい)してくださいました。

3 ～てもらう / ～ていただく　(친구, 윗분으로부터) ～해 받다

大変(たいへん)なとき、友達(ともだち)にたくさん助(たす)けてもらいました。

ガイドに観光地(かんこうち)を案内(あんない)してもらいました。

先生(せんせい)に日本(にほん)の歌(うた)を教(おし)えていただきました。

단어

見(み)**せる** 보여주다 | **貸**(か)**す** 빌려주다 | **紹介**(しょうかい)**する** 소개하다 | **慰**(なぐさ)**める** 위로하다 | **信**(しん)**じる** 믿다 | **助**(たす)**ける** 돕다, 도와주다 | **ガイド** 가이드, 안내인 | **観光地**(かんこうち) 관광지 | **案内**(あんない)**する** 안내하다 | **教**(おし)**える** 가르치다

LET'S TALK

I 다음 그림을 보면서 연습해 보세요.

MP3 Lesson 12-2

| 보기 |

誕生日(たんじょうび)のプレゼントに誰(だれ)から何(なに)をもらいましたか。

➡ 私(わたし)は友達(ともだち)に花(はな)をもらいました。

1 父(ちち) / 時計(とけい)

2 母(はは) / かばん

3 恋人(こいびと) / 指輪(ゆびわ)

4 親友(しんゆう) / 化粧品(けしょうひん)

5 先生(せんせい) / 辞書(じしょ)

단어

親友(しんゆう) 친한 친구 | **化粧品**(けしょうひん) 화장품

Ⅱ 다음 그림을 보면서 연습해 보세요.

| 보기 |

A: 中村(なかむら)さんは金(キム)さんに何(なに)をあげましたか。

B: ケータイをあげました。

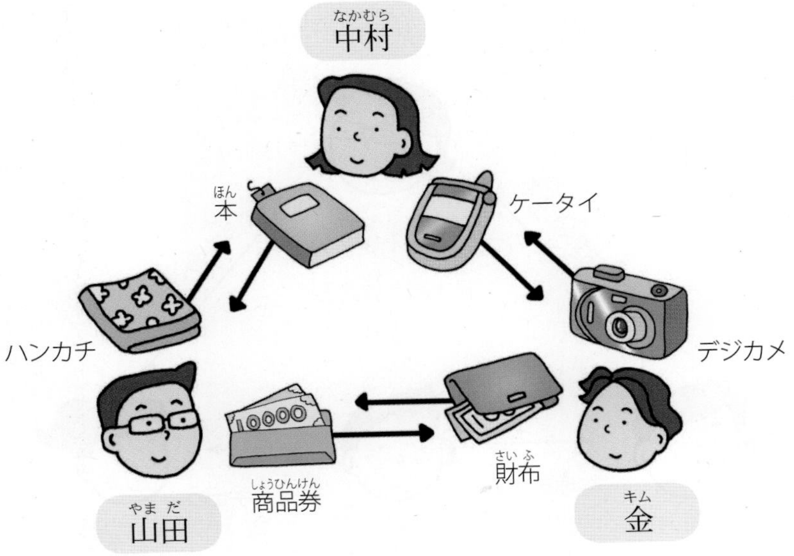

1 中村(なかむら)さん / 山田(やまだ)さん / もらいました

2 山田(やまだ)さん / 金(キム)さん / もらいました

3 山田(やまだ)さん / 金(キム)さん / あげました

4 金(キム)さん / 中村(なかむら)さん / あげました

단어

ハンカチ 손수건 | **デジカメ** 디지털카메라 | **商品券**(しょうひんけん) 상품권 | **財布**(さいふ) 지갑

III 다음 그림을 보면서 연습해 보세요.

|보기|
A: 先生(せんせい)はお兄(にい)さんに何(なに)をしてくださいましたか。
B: 先生(せんせい)は兄(あに)に進学相談(しんがくそうだん)をしてくださいました。

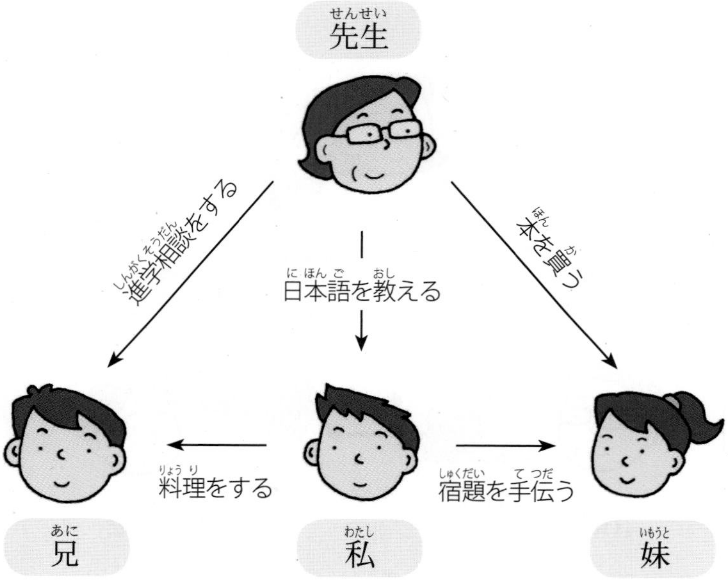

1 先生(せんせい) / 妹(いもうと) / ～てくださいました
2 私(わたし) / 先生(せんせい) / ～ていただきました
3 私(わたし) / 兄(あに) / ～てあげました
4 私(わたし) / 妹(いもうと) / ～てやりました

단어

進学相談(しんがくそうだん) 진학 상담 | **宿題**(しゅくだい) 숙제 | **手伝**(てつだ)**う** 돕다

EXERCISE

다음 빈칸에 알맞은 말을 넣어 보세요.

❶ 친구로부터 생일 선물을 받았습니다. (誕生日(たんじょうび)プレゼント)

友達(ともだち)に ________________________________

❷ 남동생에게 일본 노래를 가르쳐 주었습니다. (日本(にほん)の歌(うた)を教(おし)える)

弟(おとうと)に ________________________________

❸ 친구 리포트를 써 주었습니다. (レポートを書(か)く)

友達(ともだち)の ________________________________

❹ 야마다 씨에게 친구를 소개받았습니다. (友達(ともだち)を紹介(しょうかい)する)

山田(やまだ)さんに ________________________________

❺ 선생님께서 일본어 사전을 골라 주셨습니다. (辞書(じしょ))

先生(せんせい)は ________________________________

단어

紹介(しょうかい)**する** 소개하다 | **辞書**(じしょ) 사전 | **選**(えら)**ぶ** 고르다, 선택하다

EXERCISE

한자 연습

通 통할 통

음독 つう　훈독 通(とお)る / 通(とお)す / 通(かよ)う

通	通	通	通	通	通

選 가릴 선

음독 せん　훈독 選(えら)ぶ

選	選	選	選	選	選

交通(こうつう) 교통

交通	交通	交通	交通	交通	交通

通勤(つうきん) 통근

通勤	通勤	通勤	通勤	通勤	通勤

選手(せんしゅ) 선수

選手	選手	選手	選手	選手	選手

選挙(せんきょ) 선거

選挙	選挙	選挙	選挙	選挙	選挙

외래어 연습

ボタン 버튼

ボタン	ボタン	ボタン	ボタン

ハンカチ 손수건

ハンカチ	ハンカチ	ハンカチ	ハンカチ

FUN & TALK

그림을 보고 누구에게 무엇을 선물할지를 말해 보세요

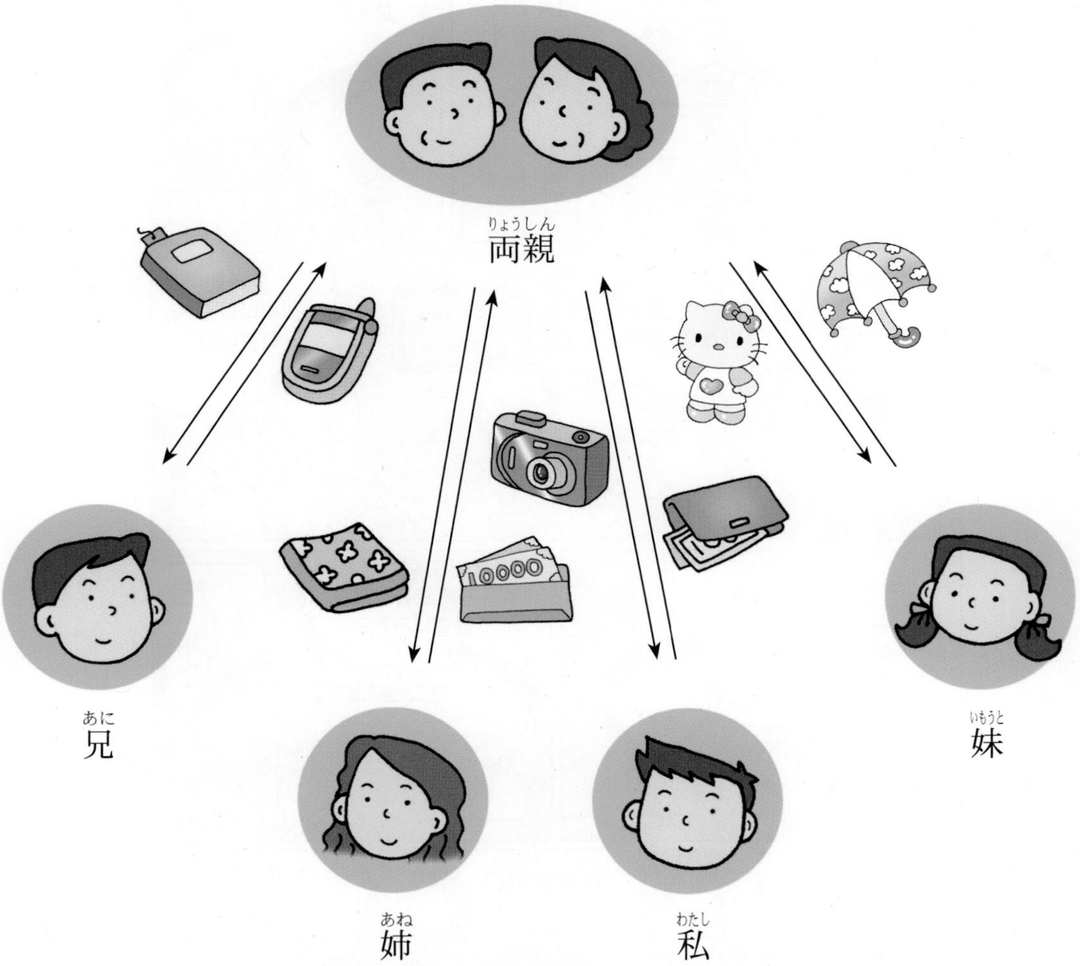

LESSON 13

普通（ふつう）どんな教育（きょういく）を受（う）けさせますか。

보통 어떤 교육을 받게 합니까?

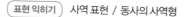

표현 익히기 사역 표현 / 동사의 사역형

Dialogue

MP3 13-1

田中： 姜さん、この間の例の新入社員とは仲よくしていますか。

姜： ハハ。まだ声もかけられなくて。
このごろ彼女は新入社員教育でとても忙しいんです。

田中： 社員教育？
韓国の会社では普通どんな教育を受けさせますか。

姜： そうですね。会社によってずいぶん違いますね。
いろいろなプログラムに参加させたり会社の業務を覚えさせたり。

田中： 姜さんも会社で誰かを教育していますか。

姜： いいえ、やりたいんですけど、任せてくれないんです。
どうしてでしょうか。

田中： 本当に分からないんですか。
僕にそんなこと言わせないでくださいよ。

다나카: 한척 씨, 요전에 얘기한 신입사원과는 잘 지냅니까?
강한척: 하하. 아직 말도 못 걸어 봤어요.
요즘 그녀는 신입사원 교육으로 매우 바쁩니다.
다나카: 사원 교육이요?
한국 회사에서는 보통 어떤 교육을 받게 합니까?
강한척: 글쎄요. 회사마다 크게 다릅니다.
여러 가지 프로그램에 참가시키거나 회사의 업무를 익히게 하거나.
다나카: 한척 씨도 회사에서 누군가를 교육시키고 있습니까?
강한척: 아니요, 하고 싶은데 맡겨 주질 않습니다. 왜 그럴까요?
다나카: 정말 몰라요? 그런 건 저에게 묻지 말아 주세요.

단어

この間(あいだ) 요전, 지난번 | **例**(れい) 예(서로가 알고 있는 사항) | **新入社員**(しんにゅうしゃいん) 신입 사원 | **仲**(なか)**よく** 사이좋게 | **かける** 걸다 | **教育**(きょういく) 교육 | **受**(う)**ける** 받다 | **～によって** ～에 따라 | **ずいぶん** 상당히, 꽤 | **いろいろな** 여러 가지 | **プログラム** 프로그램 | **参加**(さんか)**する** 참가하다 | **業務**(ぎょうむ) 업무 | **覚**(おぼ)**える** 익히다, 외우다 | **任**(まか)**せる** (일을) 맡기다

GRAMMAR

1 사역 표현

1. ~させる　　~시키다

❶ 자동사

先生(せんせい)は学生(がくせい)を席(せき)に座(すわ)らせます。

お母(かあ)さんは子供(こども)を学校(がっこう)に行(い)かせます。

❷ 타동사

先生(せんせい)は学生(がくせい)に本(ほん)を読(よ)ませます。

お母(かあ)さんは子供(こども)にご飯(はん)を食(た)べさせます。

2. 사역형 관련 중요 표현

❶ ~させてください　　~하게 해 주세요

僕(ぼく)にやらせてください。

私(わたし)を行(い)かせてください。

❷ ~させていただきます　　~하겠습니다

自己紹介(じこしょうかい)させていただきます。

ご案内(あんない)させていただきます。

❸ ~させていただけませんか　　~해도 될까요?

ここで終(お)わらせていただけませんか。

明日(あした)は休(やす)ませていただけませんか。

단어

席(せき) 자리 | 座(すわ)る 앉다 | やる 하다 | 自己紹介(じこしょうかい) 자기소개 | 終(お)わる 끝나다 | 休(やす)む 쉬다

2 동사의 사역형

Ⅰ그룹 동사 (5단 동사)	あ단 + せる	行く 가다	➡ 行かせる 가게 하다
		話す 이야기하다	➡ 話させる 이야기하게 하다
		待つ 기다리다	➡ 待たせる 기다리게 하다
		死ぬ 죽다	➡ 死なせる 죽게 하다
		飛ぶ 날다	➡ 飛ばせる 날게 하다
		読む 읽다	➡ 読ませる 읽게 하다
		帰る 돌아가다	➡ 帰らせる 돌아가게 하다
		예외 会う 만나다	➡ 会わせる 만나게 하다
Ⅱ그룹 동사 (상하 1단 동사)	어간 + させる	起きる 일어나다	➡ 起きさせる 일어나게 하다
		見る 보다	➡ 見させる 보게 하다
		食べる 먹다	➡ 食べさせる 먹게 하다
Ⅲ그룹 동사 (불규칙 동사)		来る 오다	➡ 来させる 오게 하다
		する 하다	➡ させる 하게 하다

あの…

LET'S TALK

I 다음 그림을 보면서 연습해 보세요.

MP3 Lesson 13-2

| 보기 | (先生(せんせい) → 学生(がくせい)) 復習(ふくしゅう)をしてください。

➡ 先生(せんせい)は学生(がくせい)に復習(ふくしゅう)をさせます。

1 (先生 → 学生) 少(すこ)しずつ漢字(かんじ)を覚(おぼ)えてください。

2 (先生 → 学生) 声(こえ)に出(だ)して教科書(きょうかしょ)を読(よ)んでください。

3 (先生 → 学生) 欠席(けっせき)の理由(りゆう)を説明(せつめい)してください。

4 (先生 → 学生) 質問(しつもん)に答(こた)えてください。

5 (先生 → 学生) レポートを出(だ)してください。

단어

復習(ふくしゅう) 복습 | **少**(すこ)**しずつ** 조금씩 | **声**(こえ)**に出**(だ)**す** 소리 내다 | **教科書**(きょうかしょ) 교과서 | **欠席**(けっせき) 결석 | **理由**(りゆう) 이유 | **質問**(しつもん) 질문 | **答**(こた)**える** 대답하다 | **レポートを出**(だ)**す** 리포트를 제출하다

Ⅱ 다음 그림을 보면서 연습해 보세요.

|보기| ちょっと用事があるので、授業を休ませていただけませんか。

1 熱がある / 病院に行く

2 自信がある / やる

3 急用ができた / 早く帰る

4 よく分からない部分がある / 質問する

5 初対面 / 自己紹介する

단어

用事(ようじ) 볼일, 용무 | **急用**(きゅうよう) 급한 볼일 | **部分**(ぶぶん) 부분 | **初対面**(しょたいめん) 첫 대면

EXERCISE

다음 빈칸에 알맞은 말을 넣어 보세요.

❶ 웃기기도 하고 울리기도 합니다. (笑(わら)う / 泣(な)く)

____

❷ 일본어로 쓰게도 하고 말하게도 합니다. (書(か)く / 話(はな)す)

日本語(にほんご)で ______________________________

❸ 집에 일찍 돌아가게 해 주십시오. (帰(かえ)る)

家(いえ)に ______________________________

❹ 여기서 일하게 해 주십시오. (働(はたら)く)

ここで ______________________________

❺ 오늘은 일찍 돌아가게 허락해 주시지 않겠습니까? (帰(かえ)る)

今日(きょう)は ______________________________

단어

早(はや)く 일찍 | 働(はたら)く 일하다

한자 연습

答

대답할 답

음독 とう 훈독 答(こた)える

ノ ト ド ド' ドド ドド 竺 竽 笞 笞 答 答

答	答	答	答	答	答

調

고를 조

음독 ちょう 훈독 調(しら)べる / 調(ととの)う / 調(ととの)える

丶 亠 亠 三 言 言 言 訁 訂 訂 訶 訶 調 調 調

調	調	調	調	調	調

回答(かいとう) 회답

回答	回答	回答	回答	回答	回答

答案(とうあん) 답안

答案	答案	答案	答案	答案	答案

調子(ちょうし) 상태

調子	調子	調子	調子	調子	調子

調査(ちょうさ) 조사

調査	調査	調査	調査	調査	調査

외래어 연습

プログラム 프로그램

プログラム	プログラム	プログラム	プログラム

ピアノ 피아노

ピアノ	ピアノ	ピアノ	ピアノ

FUN & TALK

만약 여러분에게 아이가 있다면 아이에게 무엇을 시키겠습니까?

～させます

水泳（すいえい）
수영

剣道（けんどう）
검도

体操（たいそう）
체조

バレー
발레

ピアノ
피아노

チェロ
첼로

バイオリン
바이올린

留学(りゅうがく)
유학

本(ほん)をたくさん読(よ)ませる
책을 많이 읽게 하다

音楽(おんがく)を聞(き)かせる
음악을 듣게 하다

英語(えいご)で話(はな)させる
영어로 말하게 하다

旅行(りょこう)に行(い)かせる
여행을 가게 하다

LESSON 14

ご両親(りょうしん)に叱(しか)られても仕方(しかた)がないですね。

부모님께 야단맞아도 어쩔 수 없네요.

표현 익히기 동사의 수동형 / 수동형의 여러 가지 쓰임

Dialogue

MP3 14-1

姜(カン)： ああ～、昨日(きのう)もまた両親(りょうしん)から小言(こごと)を言(い)われました。

田中(たなか)： どうしてですか。

姜(カン)： いつも帰(かえ)りは遅(おそ)いし、結婚相手(けっこんあいて)もまだいないし。

田中(たなか)： じゃ、ご両親(りょうしん)に叱(しか)られても仕方(しかた)がないですね。

姜(カン)： つめたいですね。田中(たなか)さんに慰(なぐさ)められたかったのに。彼女(かのじょ)にもデートを断(ことわ)られて、本当(ほんとう)に落(お)ち込(こ)んでいるんですよ。

田中(たなか)： そうだったんですか。まあ、彼女(かのじょ)のことは最初(さいしょ)からあまり期待(きたい)していなかったんですけど。

姜(カン)： ああ～、田中(たなか)さんにも傷(きず)つけられるなんて。

강한척: 아~, 어제도 또 부모님한테 잔소리를 들었어요.

다나카: 왜요?

강한척: 항상 귀가는 늦고, 결혼할 사람도 아직 없고.

다나카: 그럼, 부모님께 야단맞아도 어쩔 수 없네요.

강한척: 냉정하네요. 다나카 씨에게 위로받고 싶었는데…….
그녀에게도 데이트를 거절당해 정말 낙담해 있어요.

다나카: 그랬어요? 뭐, 그녀의 일은 처음부터 별로 기대하지 않았는데.

강한척: 아~, 다나카 씨에게도 상처받다니.

단어

両親(りょうしん) 부모님, 양친 | **小言**(こごと)**を言**(い)**う** 잔소리를 하다 | **帰**(かえ)**り** 귀가 | **相手**(あいて) 상대 | **叱**(しか)**る** 야단치다, 꾸짖다 | **仕方**(しかた)**がない** 어쩔 수 없다 | **つめたい** 냉정하다, 차갑다 | **慰**(なぐさ)**める** 위로하다 | **デート** 데이트 | **断**(ことわ)**る** 거절하다 | **落**(お)**ち込**(こ)**む** 낙담하다, 침울해지다 | **期待**(きたい) 기대 | **傷**(きず)**つける** 상처 입히다 | **～なんて** ~하다니

GRAMMAR

1 동사의 수동형

Ⅰ그룹 동사 (5단 동사)	う단 → あ단 + れる	行(おこな)う 행하다 行(い)く 가다 出(だ)す 내다 立(た)つ 서다 死(し)ぬ 죽다 呼(よ)ぶ 부르다 踏(ふ)む 밟다 取(と)る 뺏다	➡ ➡ ➡ ➡ ➡ ➡ ➡ ➡	行(おこな)われる 행해지다 行(い)かれる 가지다 出(だ)される 나와지다 立(た)たれる 서지다 死(し)なれる 죽다 呼(よ)ばれる 불리다 踏(ふ)まれる 밟히다 取(と)られる 빼앗기다
Ⅱ그룹 동사 (상하 1단 동사)	어간 + られる	ほめる 칭찬하다 建(た)てる 세우다	➡ ➡	ほめられる 칭찬받다 建(た)てられる 세워지다
Ⅲ그룹 동사 (불규칙 동사)	来(こ)られる される	紹介(しょうかい)する 소개하다 招待(しょうたい)する 초대하다 案内(あんない)する 안내하다	➡ ➡ ➡	紹介(しょうかい)される 소개받다 招待(しょうたい)される 초대받다 案内(あんない)される 안내받다

단어

呼(よ)**ぶ** 부르다 | **踏**(ふ)**む** 밟다 | **取**(と)**る** 뺏다, 잡다 | **ほめる** 칭찬하다 | **建**(た)**てる** 세우다 | **招待**(しょうたい)**する** 초대하다

2 수동형의 여러 가지 쓰임

1. 일반적인 수동형

❶ **(사물·사건이) ~해지다**

入学式(にゅうがくしき)は明日(あした)の午前(ごぜん)9時(くじ)に行(おこな)われます。

この新聞(しんぶん)は韓国(かんこく)で一番(いちばん)多(おお)く読(よ)まれています。

❷ **(사람으로부터) ~해 받다**

先生(せんせい)にほめられました。

友達(ともだち)からパーティーに招待(しょうたい)されました。

❸ **(사람이) ~을 당하다, ~하다**

電車(でんしゃ)の中(なか)で足(あし)を踏(ふ)まれました。

犬(いぬ)に手(て)を咬(か)まれました。

2. 피해의 수동

急(きゅう)に雨(あめ)に降(ふ)られて困(こま)っています。

私(わたし)は友達(ともだち)に来(こ)られて仕事(しごと)ができませんでした。

まわりの人(ひと)に笑(わら)われて恥(は)ずかしかったです。

단어

入学式(にゅうがくしき) 입학식 | **行**(おこな)**う** 행하다 | **新聞**(しんぶん) 신문 | **咬**(か)**む** 물다 | **困**(こま)**る** 곤란하다 | **まわり** 주위 | **恥**(は)**ずかしい** 부끄럽다, 창피하다

あの…

LET'S TALK

Ⅰ 다음 보기와 같이 연습해 보세요.

MP3 Lesson 14-2

| 보기 |

外国に輸出しています。

➡ 外国に輸出されています。

1 この製品は多くの人々が使っています。

2 このデザインはデパートでたくさん売っています。

3 このアパートは10年前に建てました。

4 有名な絵を展示しています。

5 この部品は日本から輸入しています。

단어

外国(がいこく) 외국 | **輸出**(ゆしゅつ)**する** 수출하다 | **製品**(せいひん) 제품 | **デザイン** 디자인 | **デパート** 백화점 | **アパート** 아파트 | **絵**(え) 그림 | **展示**(てんじ)**する** 전시하다 | **部品**(ぶひん) 부품 | **輸入**(ゆにゅう)**する** 수입하다

Ⅱ 다음 보기와 같이 연습해 보세요.

| 보기 |

A: どうしたんですか。元気(げんき)がないですね。

B: 朝(あさ)から母(はは)に叱(しか)られたんです。

1 電車(でんしゃ)の中(なか)ですり / 財布(さいふ)をする

2 恋人(こいびと) / ふる

3 両親(りょうしん) / 結婚(けっこん)を反対(はんたい)する

Ⅲ 다음 그림을 보면서 연습해 보세요.

| 보기 |

A: どうしたんですか。

B: (雨(あめ)が降(ふ)る) → 雨(あめ)に降(ふ)られて風邪(かぜ)を引(ひ)いてしまったんです。

A: それは大変(たいへん)ですね。

1 一晩中赤(ひとばんじゅうあか)ちゃんが泣(な)いて疲(つか)れている

2 夜中間違(よなかまちが)い電話(でんわ)が起(おこ)して寝(ね)られなかった

3 急(きゅう)に同僚(どうりょう)が会社(かいしゃ)を辞(や)めて困(こま)っている

단어

すり 소매치기 | **財布**(さいふ)**をする** 지갑을 소매치기하다 | **反対**(はんたい)**する** 반대하다 | **疲**(つか)**れる** 지치다, 피곤하다 | **夜中**(よなか) 한밤중 | **間違**(まちが)**い電話**(でんわ) 잘못 걸린 전화 | **同僚**(どうりょう) 동료 | **辞**(や)**める** 그만두다 | **困**(こま)**る** 곤란하다

EXERCISE

다음 빈칸에 알맞은 말을 넣어 보세요.

❶ 시험 중 휴대전화 이용은 금지되어 있습니다. (禁止(きんし)する)

試験中(しけんちゅう) ______________________________

❷ 버스 안에서 소매치기에게 지갑을 소매치기 당했습니다. (財布(さいふ)をする)

バスの ______________________________

❸ 친구로부터 숙제를 부탁받았습니다. (宿題(しゅくだい)を頼(たの)む)

友達(ともだち)に ______________________________

❹ 나는 선생님께 주의받았습니다. (注意(ちゅうい)する)

私(わたし)は ______________________________

❺ 그는 아내가 죽어서 슬퍼하고 있습니다. (妻(つま) / 死(し)ぬ / 悲(かな)しむ)

彼(かれ)は ______________________________

단어

携帯電話(けいたいでんわ) 휴대전화 | **利用**(りよう) 이용 | **禁止**(きんし)**する** 금지하다 | **すり** 소매치기 | **注意**(ちゅうい)**する** 주의하다 | **妻**(つま) 아내, 처 | **悲**(かな)**しむ** 슬퍼하다

한자 연습

立
설 립

음독 りつ / りっ　훈독 立(た)つ / 立(た)てる　丶 亠 ㇔ 立 立

立	立	立	立	立	立

建
세울 건

음독 けん　훈독 建(た)てる / 建(た)つ　㇇ ㇕ ヨ ヨ ⺕ 聿 津 建

建	建	建	建	建	建

独立（どくりつ）
독 립

独立	独立	独立	独立	独立	独立

立場（たちば）
입 장

立場	立場	立場	立場	立場	立場

建設（けんせつ）
건 설

建設	建設	建設	建設	建設	建設

建物（たてもの）
건 물

建物	建物	建物	建物	建物	建物

외래어 연습

アパート 아파트

アパート	アパート	アパート	アパート

エスカレーター 에스컬레이터

エスカレーター	エスカレーター	エスカレーター	エスカレーター

FUN & TALK

머피의 법칙처럼 나쁜 일이 꼬리에 꼬리를 물고 일어나는 날이 간혹 있습니다.
여러분은 그런 날 무슨 일을 겪었나요?

間違(まちが)い電話(でんわ)で起(おこ)される
잘못 걸려온 전화에 잠을 깨다

朝(あさ)から小言(こごと)を言(い)われる
아침부터 잔소리를 듣다

電車(でんしゃ)の中(なか)ですられる
전철 안에서 소매치기를 당하다

エレベーターで足を踏まれる
엘리베이터에서 발을 밟히다

遅れて上司に叱られる
지각해서 상사에게 야단맞다

雨に降られる
비를 맞다

雨に降られて犬にかまれる
비 맞고 오다 개에게 물리다

みじめな姿を好きな人に見られる
비참한 모습을 좋아하는 사람에게 보이다

LESSON

15 部長(ぶちょう)に残業(ざんぎょう)を押(お)しつけられてしまいました。

부장님이 잔업을 떠맡겨 버렸습니다.

표현 익히기 동사의 사역 수동형 / ～ばかり

Dialogue

MP3 15-1

姜(カン): ああ～、頭(あたま)に来(く)る。今日(きょう)も早(はや)く帰(かえ)れないな。

山田(やまだ): どうしたんですか。姜(カン)さん。

姜(カン): 部長(ぶちょう)に残業(ざんぎょう)を押(お)しつけられてしまいました。
自分(じぶん)の仕事(しごと)も山(やま)のようにあるのに…。

山田(やまだ): お気(き)の毒(どく)に…。

姜(カン): 今回(こんかい)だけじゃないですよ。ファックスを送(おく)らせられたり、
コピーをさせられたり。いつもいろいろなおつかいを
させられてばかりですよ。

山田(やまだ): それはちょっとひどいですね。

姜(カン): そうですよ。この前(まえ)もカラオケで踊(おど)らせられて。

山田(やまだ): あれ、それは姜(カン)さんが自(みずか)ら進(すす)んでしたんじゃないですか。

姜(カン): そ、それは…、みんなのためのサービス…。

강한척: 아~, 열 받아. 오늘도 일찍 못 가는구나.
야마다: 왜 그래요? 한척 씨.
강한척: 부장님이 잔업을 떠맡겨 버렸거든요.
제 일도 산더미 같은데.
야마다: 안됐네요.
강한척: 이번만이 아니에요.
팩스를 보내게 하거나 복사를 시키거나. 항상 여러 가지 심부름만 시켜요.
야마다: 그건 좀 심하네요.
강한척: 그래요. 요전에도 노래방에서 춤을 추게 해서.
야마다: 어? 그건 한척 씨가 자진해서 나간 것 아니에요?
강한척: 그, 그건…, 모두를 위한 서비스….

단어

頭(あたま)**に来**(く)**る** 열 받다 | **残業**(ざんぎょう) 잔업 | **押**(お)**しつける** 억지로 떠맡기다 | **～のに** ~인데 | **お気**(き)**の毒**(どく)**だ** 가엾다 | **今回**(こんかい) 이번 | **～だけ** ~만 | **ファックス** 팩스 | **送**(おく)**る** 보내다 | **おつかい** 심부름 | **～てばかりだ** ~하고만 있다 | **ひどい** 심하다 | **カラオケ** 노래방 | **踊**(おど)**る** 춤추다 | **自**(みずか)**ら** 스스로, 자신 | **進**(すす)**む** 나아가다 | **サービス** 서비스

GRAMMAR

1 ～させられる(사역 수동)

～로부터 시킴을 당하다,
(명령, 지시 등을 받아) 어쩔 수 없이 ～하다

Ⅰ그룹 동사 (5단 동사)	あ단＋せられる	歌(うた)を歌(うた)う 踊(おど)りを踊(おど)る	➡ ➡	歌(うた)を歌(うた)わせられる 踊(おど)りを踊(おど)らせられる
Ⅱ그룹 동사 (상하 1단 동사)	어간＋させられる	食(た)べる 起(お)きる	➡ ➡	食(た)べさせられる 起(お)きさせられる
Ⅲ그룹 동사 (불규칙 동사)	来(こ)られる される	来(く)る する	➡ ➡	来(こ)させられる させられる

先生(せんせい)に大(おお)きい声(こえ)で本(ほん)を読(よ)ませられました。

部長(ぶちょう)にみんなの前(まえ)で歌(うた)を歌(うた)わせられました。

母(はは)に家(いえ)の掃除(そうじ)を一人(ひとり)でさせられました。

단어

みんな 모두 | **掃除**(そうじ) 청소

2 ～ばかり　～만

1. 명사 + ばかり + ～ている　～만 ～하고 있다

お酒(さけ)ばかり飲(の)んでいます。

テレビばかり見(み)ています。

ゲームばかりしています。

2. 동사 + ～てばかりいる　～하고만 있다

遊(あそ)んでばかりいます。

叱(しか)られてばかりいます。

いやな仕事(しごと)をさせられてばかりいます。

cf. この部分(ぶぶん)だけ覚(おぼ)えたらいいです。

必要(ひつよう)なものだけ持(も)って行(い)きます。

古(ふる)いものだけ捨(す)てました。

단어

叱(しか)る 혼내다, 야단치다 | **いやだ** 싫어하다 | **必要(ひつよう)だ** 필요하다 | **捨(す)てる** 버리다

LET'S TALK

I 다음 보기와 같이 연습해 보세요. MP3 Lesson 15-2

| 보기 | 先生(せんせい) / 学生(がくせい) / 掃除(そうじ)をする

➡ 先生(せんせい)は学生(がくせい)に掃除(そうじ)をさせました。

➡ 学生(がくせい)は先生(せんせい)に掃除(そうじ)をさせられました。

1 医者(いしゃ) / 金(キム)さん / タバコを止(や)める

2 先輩(せんぱい) / 後輩(こうはい) / お酒(さけ)を飲(の)む

3 先生(せんせい) / 学生(がくせい) / レポートを書(か)く

4 部長(ぶちょう) / 金(キム)さん / かばんを持(も)つ

5 社長(しゃちょう) / 秘書(ひしょ) / コーヒーを入(い)れる

단어

タバコ 담배 | **秘書**(ひしょ) 비서 | **コーヒーを入**(い)**れる** 커피를 타다

Ⅱ 다음 보기와 같이 연습해 보세요.

| 보기 |

A: 何(なに)かいやなことをさせられましたか。

B: はい、部長(ぶちょう)に残業(ざんぎょう)をさせられました。

1 社長(しゃちょう) / 1時間(いちじかん)も待(ま)つ

2 家内(かない) / 家(いえ)の掃除(そうじ)をする

3 子供(こども) / 宿題(しゅくだい)を手伝(てつだ)う

Ⅲ 다음 보기와 같이 연습해 보세요.

| 보기 |

兄(あに)はいつもゲームをします。

➡ 兄(あに)はゲームばかりします。

1 弟(おとうと)はテレビを見(み)ています。

2 彼(かれ)はいつも音楽(おんがく)を聞(き)いています。

3 彼(かれ)はいつもマンガを読(よ)んでいます。

4 彼女(かのじょ)はいつもショッピングをしています。

단어

社長(しゃちょう) 사장 | **家内**(かない) 아내 | **手伝**(てつだ)**う** 돕다 | **マンガを読**(よ)**む** 만화를 읽다 | **ショッピングをする** 쇼핑을 하다

EXERCISE

다음 빈칸에 알맞은 말을 넣어 보세요.

❶ 아이는 엄마 때문에 약을 먹어야 했습니다. (お母(かあ)さん / 薬(くすり)を飲(の)む)

子供(こども)は ______________________________

❷ 선생님의 짐을 들어야 했습니다. (荷物(にもつ)を持(も)つ)

先生(せんせい)に ______________________________

❸ 친구 때문에 거짓말을 해야 했습니다. (うそをつく)

友達(ともだち)に ______________________________

❹ 주말에는 집에서 빈둥거리기만 합니다. (ごろごろする)

週末(しゅうまつ)には ______________________________

❺ 그녀는 울기만 하였습니다. (泣(な)く)

彼女(かのじょ)は ______________________________

단어

お母(かあ)**さん** 엄마, 어머니 | **薬**(くすり)**を飲**(の)**む** 약을 먹다 | **荷物**(にもつ)**を持**(も)**つ** 짐을 들다 | **うそをつく** 거짓말을 하다 | **ごろごろする** 빈둥거리다 | **泣**(な)**く** 울다

한자 연습

進 나아갈 진

음독 しん 훈독 進(すす)む / 進(すす)める

ノ イ 亻 仁 仁 什 隹 隹 `隹 進

進	進	進	進	進	進

送 보낼 송

음독 そう 훈독 送(おく)る

丶 丷 䒑 兰 关 关 `关 送

送	送	送	送	送	送

進行(しんこう) 진 행

進行	進行	進行	進行	進行	進行

進歩(しんぽ) 진 보

進歩	進歩	進歩	進歩	進歩	進歩

送金(そうきん) 송 금

送金	送金	送金	送金	送金	送金

放送(ほうそう) 방 송

放送	放送	放送	放送	放送	放送

외래어 연습

ゲーム 게임

ゲーム	ゲーム	ゲーム	ゲーム

アイロン 다리미

アイロン	アイロン	アイロン	アイロン

FUN & TALK

오~, 제발 이것만은 시키지 마세요!
여러분이 가장 하기 싫은 일은 무엇인지 사역 수동형을 사용하여 이야기해 보세요.

夜遅くまで残業させられる
밤늦게까지 야근하게 되다

掃除をさせられる
청소를 하게 되다

お金を払わせられる
돈을 내게 되다

顧客の不満を聞かせられる
고객의 불만을 듣게 되다

上司(じょうし)のお使(つか)いをさせられる

상사의 심부름을 하게 되다

人(ひと)の前(まえ)で歌(うた)わせられる

사람들 앞에서 노래하게 되다

勉強(べんきょう)させられる

하기 싫은 공부를 하게 되다

上司(じょうし)にコーヒーを入(い)れさせられる

상사가 시켜서 커피를 타게 되다

LESSON 16

今回の書類をファックスでお送り致しました。

이번 서류를 팩스로 보냈습니다.

표현 익히기 경어 표현

무슨 일이에요, 한척 씨?
あいうえお
뭘 그렇게 열심히 외우고 있어요?
하하, 실은 경어 연습을 하고 있습니다.
오늘 도쿄물산의 부장님께 전화를 해야 하거든요.
그래요? 일본어의 경어는 정말 어려우니까요.
여보세요.
국제상사의 강한척이라고 합니다.
항상 신세지고 있습니다.
이번 서류를 팩스로 보냈으니 확인해 주십시오.
견적서
나중에 찾아뵙겠습니다.
와~, 정말 경어를 잘하시네요.
평소의 한척 씨 이미지와는 전혀 다른데요.
칭찬을 하는 건지 아닌 건지.

Dialogue

MP3 16-1

田中: どうしたんですか、姜さん。
何をそんなに一生懸命覚えているんですか。

姜: ハハ、実は敬語の練習をしているんです。
今日東京物産の部長に電話をしなければならないので。

田中: そうですか。日本語の敬語は本当に難しいですからね。

(전화로)

姜: もしもし。国際商事の姜と申します。
いつもお世話になっております。今回の書類を
ファックスでお送り致しましたので、ご確認ください。
後程お伺い致します。

田中: わあ～、本当に敬語がお上手ですね。
普段の姜さんのイメージとはまったく違いますよ。

姜: ああ～、ほめているのかいないのか。

다나카: 무슨 일이에요, 한척 씨?
뭘 그렇게 열심히 외우고 있어요?

강한척: 하하, 실은 경어 연습을 하고 있습니다.
오늘 도쿄물산의 부장님께 전화를 해야 하거든요.

다나카: 그래요? 일본어의 경어는 정말 어려우니까요.

강한척: 여보세요. 국제상사의 강한척이라고 합니다. 항상 신세지고 있습니다.
이번 서류를 팩스로 보냈으니 확인해 주십시오.
나중에 찾아뵙겠습니다.

다나카: 와~, 정말 경어를 잘하시네요.
평소의 한척 씨 이미지와는 전혀 다른데요.

강한척: 칭찬을 하는 건지 아닌 건지.

단어

一生懸命(いっしょうけんめい) 열심히 | **覚**(おぼ)**える** 외우다, 익히다 | **実**(じつ)**は** 실은 | **敬語**(けいご) 경어 | **練習**(れんしゅう) 연습 | **物産**(ぶっさん) 물산 | **部長**(ぶちょう) 부장 | **商事**(しょうじ) 상사 | **～と申**(もう)**す** ~라고 하다(言う의 겸양어) | **お世話**(せわ)**になる** 신세지다 | **おる** 있다(いる의 겸양어) | **今回**(こんかい) 이번에 | **書類**(しょるい) 서류 | **ファックス** 팩스 | **送**(おく)**る** 보내다 | **致**(いた)**す** する의 겸양어 | **確認**(かくにん) 확인 | **後程**(のちほど) 잠시 후 | **伺**(うかが)**う** 뵙다 | **普段**(ふだん) 평소, 보통 | **イメージ** 이미지 | **まったく** 전혀 | **ほめる** 칭찬하다 | **～のか** ~것인가

GRAMMAR

1 경어(敬語) 표현

1. 존경어 ~하시다

❶ お/ご＋ます형＋になる

座(すわ)る	➡	お座(すわ)りになる 앉으시다	帰(かえ)る	➡	お帰(かえ)りになる 돌아가시다

おじいさんはあちらで新聞(しんぶん)をお読(よ)みになっています。

先生(せんせい)はもうお帰(かえ)りになりました。

❷ ～られる (수동형 활용과 동일)

座(すわ)る	➡	座(すわ)られる 앉으시다	帰(かえ)る	➡	帰(かえ)られる 돌아가시다

先生(せんせい)はいつ帰(かえ)られましたか。

これは山田(やまだ)さんが書(か)かれました。

2. 특수 존경어

行(い)く	➡	いらっしゃる 가시다	見(み)る	➡	ご覧(らん)になる 보시다
いる	➡	いらっしゃる 계시다	言(い)う	➡	おっしゃる 말씀하시다
来(く)る	➡	いらっしゃる 오시다	する	➡	なさる 하시다
くれる	➡	くださる 주시다	食(た)べる	➡	召(め)し上(あ)がる 드시다

先生(せんせい)は何(なん)とおっしゃいましたか。

お客様(きゃくさま)はいらっしゃいましたか。

단어

お客様(きゃくさま) 손님

3. 당부 표현

❶ お/ご＋ます형＋になってください ～해 주십시오, ～하십시오

待(ま)つ ➡ お待(ま)ちになってください。 기다려 주십시오.
入(はい)る ➡ お入(はい)りになってください。 들어오십시오.

こちらでお待(ま)ちになってください。

中(なか)の方(ほう)へお入(はい)りになってください。

❷ お/ご＋ます형＋ください ～해 주세요, ～하세요

待(ま)つ ➡ お待(ま)ちください。 기다려 주세요.
入(はい)る ➡ お入(はい)りください。 들어오세요.

まもなくショーが始(はじ)まりますから、どうぞお楽(たの)しみください。

どうぞよろしくお伝(つた)えください。

단어

まもなく 곧, 이윽고 | **ショー** 쇼 | **楽(たの)しむ** 즐기다 | **伝(つた)える** 전하다

4. 겸양어

❶ お/ご＋ます형＋する / 致(いた)す

書(か)く ➡ お書(か)きする / お書(か)き致(いた)す 쓰다
待(ま)つ ➡ お待(ま)ちする / お待(ま)ち致(いた)す 기다리다

明日(あした)までにお送(おく)りします。(= お送(おく)り致(いた)します)

どうぞよろしくお願(ねが)いします。(= お願(ねが)い致(いた)します)

❷ 특수 겸양어

行(い)く / 来(く)る	➡	参(まい)る 가다, 오다
いる	➡	おる 있다
言(い)う	➡	申(もう)す 말씀드리다
見(み)る	➡	拝見(はいけん)する 보다, 뵙다
食(た)べる / もらう	➡	いただく 먹다, 받다
する	➡	致(いた)す 하다

私(わたし)は金(キム)と申(もう)します。

書類(しょるい)を拝見(はいけん)しました。

단어

送(おく)る 보내다 | 願(ねが)う 바라다, 부탁하다 | 書類(しょるい) 서류

LET'S TALK

I 다음 보기와 같이 연습해 보세요.

MP3 Lesson 16-2

| 보기 |

先生(せんせい)は何(なに)を飲(の)みますか。

➡ 先生(せんせい)は何(なに)をお飲(の)みになりますか。

1 何時(なんじ)に帰(かえ)りますか。

2 何(なに)を食(た)べますか。

3 何(なに)を読(よ)みますか。

4 いつ家(いえ)にいますか。

5 ニュースを聞(き)きましたか。

단어

ニュースを聞(き)く 뉴스를 듣다

Ⅱ 다음 보기와 같이 연습해 보세요.

|보기|

よい週末(しゅうまつ)を送(おく)ってください。

➡ よい週末(しゅうまつ)をお送(おく)りください。

1 ここに座(すわ)ってください。

2 これを使(つか)ってください。

3 こっちを見(み)てください。

4 お茶(ちゃ)を飲(の)んでください。

5 説明(せつめい)してください。

단어

送(おく)る 보내다 | お茶(ちゃ)を飲(の)む 차를 마시다 | 説明(せつめい)する 설명하다

III 다음 보기와 같이 연습해 보세요.

| 보기 |

ここで待(ま)ちます。

➡ こちらでお待(ま)ちします。 /

こちらでお待(ま)ち致(いた)します。

1 ペンを貸(か)します。

2 荷物(にもつ)を持(も)ちます。

3 タクシーを呼(よ)びます。

4 日程(にってい)を知(し)らせます。

5 書類(しょるい)を送(おく)ります。

단어

貸(か)す 빌려주다 | **荷物(にもつ)** 짐 | **タクシーを呼(よ)ぶ** 택시를 부르다 | **日程(にってい)** 일정 | **知(し)らせる** 알리다

EXERCISE

다음 빈칸에 알맞은 말을 넣어 보세요.

❶ 선생님은 책을 읽고 계십니다. (読(よ)む)

先生(せんせい)は ______________________________

❷ 저 영화를 보셨습니까? (ご覧(らん)になる)

あの映画(えいが) ______________________________

❸ 여기에 성함을 써 주십시오. (書(か)く)

ここに ______________________________

❹ 역 앞에서 기다리고 있겠습니다. (待(ま)つ)

駅(えき)の ______________________________

❺ 오늘 서류를 보았습니다. (拝見(はいけん)する)

今日(きょう) ______________________________

단어

お名前(なまえ) 성함, 이름

한자 연습

帰
돌아갈 귀
음독 き　훈독 帰(かえ)る
帰	帰	帰	帰	帰	帰

呼
부를 호
음독 こ　훈독 呼(よ)ぶ
呼	呼	呼	呼	呼	呼

帰国(きこく)
귀국
帰国	帰国	帰国	帰国	帰国	帰国

帰宅(きたく)
귀가
帰宅	帰宅	帰宅	帰宅	帰宅	帰宅

呼吸(こきゅう)
호흡
呼吸	呼吸	呼吸	呼吸	呼吸	呼吸

呼応(こおう)
호응
呼応	呼応	呼応	呼応	呼応	呼応

외래어 연습

イメージ 이미지
イメージ	イメージ	イメージ	イメージ

ビザ 비자
ビザ	ビザ	ビザ	ビザ

FUN & TALK

다음과 같이 경어를 사용해서 전화 통화를 해 보세요.

A はい。東京商事でございます。

B あの、山本商事の金と申しますが、
営業部の田中さんいらっしゃいますか。

A 申し訳ありませんが、田中はただいま外出中です。

B そうですか。じゃ、いつお戻りになりますか。

A たぶん3時ごろ戻ると思いますが。

B そうですか。では、田中さんにまたお電話いたします。

A はい、かしこまりました。

A

山本商事(やまもとしょうじ)の金(キム)　　KOREA物産(ぶっさん)の朴(パク)　　住友銀行(すみともぎんこう)の李(イ)

B

東京物産(とうきょうぶっさん) / 営業部(えいぎょうぶ)の田中(たなか)さん /
外出中(がいしゅつちゅう) / 3時(さんじ)ごろ戻(もど)る

三和商事(さんわしょうじ) / 人事部(じんじぶ)の中村(なかむら)さん /
会議中(かいぎちゅう) / 4時(よじ)ごろ終(お)わる

東洋商事(とうようしょうじ) / 総務部(そうむぶ)の三木(みき)さん /
出張中(しゅっちょうちゅう) / 来週(らいしゅう)の水曜日(すいようび)に戻(もど)る

정답

LESSON 01

ちょっとケータイを借(か)りてもいいですか。

LET'S TALK

Ⅰ

1 **A:** 教室(きょうしつ)でお酒(さけ)を飲(の)んでもいいですか。
교실에서 술을 마셔도 됩니까?
B: いいえ、教室(きょうしつ)でお酒(さけ)を飲(の)んではいけません。 아니요, 교실에서 술을 마시면 안 됩니다.

2 **A:** ２～３日(に さんにち)会社(かいしゃ)を休(やす)んでもいいですか。
2~3일 회사를 쉬어도 됩니까?
B: いいえ、２～３日(に さんにち)会社(かいしゃ)を休(やす)んではいけません。 아니요, 2~3일 회사를 쉬면 안 됩니다.

3 **A:** 全部(ぜんぶ)食(た)べてもいいですか。
전부 먹어도 됩니까?
B: いいえ、全部(ぜんぶ)食(た)べてはいけません。
아니요, 전부 먹으면 안 됩니다.

4 **A:** ここで写真(しゃしん)を撮(と)ってもいいですか。
여기서 사진을 찍어도 됩니까?
B: いいえ、ここで写真(しゃしん)を撮(と)ってはいけません。 아니요, 여기서 사진을 찍으면 안 됩니다.

5 **A:** 授業中(じゅぎょうちゅう)、韓国語(かんこくご)で話(はな)してもいいですか。
수업 중 한국어로 이야기해도 됩니까?
B: いいえ、授業中(じゅぎょうちゅう)、韓国語(かんこくご)で話(はな)してはいけません。
아니요, 수업 중에 한국어로 이야기하면 안 됩니다.

Ⅱ

1 **A:** 遊(あそ)びに行(い)ってもいいですか。 놀러 가도 됩니까?
B: はい、いいですよ。 네, 괜찮아요. /
いいえ、いけません。 아니요, 안 됩니다.

2 **A:** ドアを開(あ)けてもいいですか。
문을 열어도 됩니까?
B: はい、いいですよ。/
いいえ、いけません。

3 **A:** デザインが古(ふる)くてもいいですか。
디자인이 오래된 것이어도 괜찮습니까?
B: はい、いいですよ。/
いいえ、いけません。

4 **A:** 日本語(にほんご)が下手(へた)でもいいですか。
일본어를 잘 못해도 됩니까?
B: はい、いいですよ。/
いいえ、いけません。

5 **A:** 安(やす)いプレゼントでもいいですか。
싼 선물이라도 괜찮습니까?
B: はい、いいですよ。/
いいえ、いけません。

EXERCISE

1 いつでも遊(あそ)びに来(き)てもいいです。
2 何(なん)でも使(つか)ってもいいです。
3 欠席(けっせき)してはいけません。
4 お酒(さけ)を飲(の)んで運転(うんてん)してはいけません。
5 お金(かね)がなくてもいいです。

LESSON 02
一杯したり歌を歌ったりします。

LET'S TALK

I

1 A: 暇な時、何をしますか。
한가할 때 무엇을 합니까?
B: インターネットをしたり、ゲームをしたりします。 인터넷을 하거나 게임을 하거나 합니다.

2 A: 暇な時、何をしますか。
B: 本を読んだり、音楽を聞いたりします。
책을 읽거나 음악을 듣거나 합니다.

3 A: 暇な時、何をしますか。
B: お酒を飲んだり、タバコを吸ったりします。 술을 마시거나 담배를 피우거나 합니다.

4 A: 暇な時、何をしますか。
B: テレビを見たり、ごろごろしたりします。
텔레비전을 보거나 빈둥거리거나 합니다.

5 A: 暇な時、何をしますか。
B: 買い物をしたり、料理を作ったりします。
쇼핑을 하거나 요리를 만들거나 합니다.

II

1 A: 日本語の授業はどうですか。
일본어 수업은 어떻습니까?
B: 易しかったり難しかったりします。
쉽기도 하고 어렵기도 합니다.

2 A: 成績はどうですか。
성적은 어떻습니까?
B: 良かったり悪かったりします。
좋기도 하고 나쁘기도 합니다.

3 A: 天気はどうですか。 날씨는 어떻습니까?
B: 暖かかったり寒かったりします。
따뜻하기도 하고 춥기도 합니다.

4 A: 日本語の会話はどうですか。
일본어 회화는 어떻습니까?
B: 上手だったり下手だったりします。
잘하기도 하고 잘 못하기도 합니다.

5 A: クラスの雰囲気はどうですか。
교실 분위기는 어떻습니까?
B: 静かだったり賑やかだったりします。
조용하기도 하고 시끄럽기도 합니다.

III

1 A: 公園では何をしますか。
공원에서는 무엇을 합니까?
B: 散歩したりデートをしたりします。
산책하기도 하고 데이트를 하기도 합니다.

2 A: カラオケでは何をしますか。
노래방에서는 무엇을 합니까?
B: 歌を歌ったり踊ったりします。
노래를 부르기도 하고 춤추기도 합니다.

3 A: 喫茶店では何をしますか。
찻집에서는 무엇을 합니까?
B: コーヒーを飲んだり友達に会ったりします。 커피를 마시기도 하고 친구를 만나기도 합니다.

4 A: コンビニでは何をしますか。
편의점에서는 무엇을 합니까?
B: カップラーメンを食べたりお菓子を買ったりします。 컵라면을 먹기도 하고 과자를 사기도 합니다.

5 A: 郵便局では何をしますか。
우체국에서는 무엇을 합니까?
B: 手紙を出したり小包を送ったりします。
편지를 부치기도 하고 소포를 보내기도 합니다.

6 A: 教室では何をしますか。
교실에서는 무엇을 합니까?
B: 勉強したりお弁当を食べたりします。
공부하기도 하고 도시락을 먹기도 합니다.

EXERCISE

1 赤(あか)ちゃんが泣(な)いたり笑(わら)ったりします。

2 成績(せいせき)が上(あ)がったり下(さ)がったりします。

3 ドラマは面白(おもしろ)かったりつまらなかったりします。

4 人(ひと)によって親切(しんせつ)だったり不親切(ふしんせつ)だったりします。

5 交通手段(こうつうしゅだん)は電車(でんしゃ)だったりバスだったりします。

LESSON 03

土曜日(どようび)にも残業(ざんぎょう)をしなければなりません。

LET'S TALK

I

1 A: あなたの会社(かいしゃ)にはどんな規則(きそく)がありますか。 당신 회사에는 어떤 규칙이 있습니까?

B: 私(わたし)の会社(かいしゃ)は、土曜日(どようび)にも仕事(しごと)をしなければなりません。

우리 회사는 토요일에도 근무를 해야만 합니다.

2 A: あなたの会社(かいしゃ)にはどんな規則(きそく)がありますか。

B: 私(わたし)の会社(かいしゃ)は、毎月(まいつき)テストを受(う)けなければなりません。

우리 회사는 매달 시험을 봐야만 합니다.

3 A: あなたの会社(かいしゃ)にはどんな規則(きそく)がありますか。

B: 私(わたし)の会社(かいしゃ)は、ユニフォームを着(き)なければなりません。

우리 회사는 유니폼을 입어야만 합니다.

4 A: あなたの会社(かいしゃ)にはどんな規則(きそく)がありますか。

B: 私(わたし)の会社(かいしゃ)は、毎週報告書(まいしゅうほうこくしょ)を書(か)かなければなりません。

우리 회사는 매주 보고서를 써야만 합니다.

5 A: あなたの会社(かいしゃ)にはどんな規則(きそく)がありますか。

B: 私(わたし)の会社(かいしゃ)は、毎年研修(まいとしけんしゅう)に行(い)かなければなりません。 우리 회사는 매년 연수를 가야만 합니다.

II

1 A: 土曜日(どようび)にも会社(かいしゃ)に行(い)かなければなりませんか。 토요일에도 회사에 가지 않으면 안 됩니까?

B: いいえ、行(い)かなくてもいいです。

아니요, 가지 않아도 됩니다.

2 A: 全部(ぜんぶ)読(よ)まなければなりませんか。

전부 읽지 않으면 안 됩니까?

B: いいえ、読(よ)まなくてもいいです。

아니요, 읽지 않아도 됩니다.

3 A: 朝早(あさはや)く起(お)きなければなりませんか。

아침 일찍 일어나지 않으면 안 됩니까?

B: はい、起(お)きなければなりません。

예, 일어나야 합니다.

4 A: 試験(しけん)を受(う)けなければなりませんか。

시험을 보지 않으면 안 됩니까?

B: はい、受(う)けなければなりません。

예, 봐야 합니다.

5 A: 毎日運動(まいにちうんどう)しなければなりませんか。

매일 운동하지 않으면 안 됩니까?

B: いいえ、運動(うんどう)しなくてもいいです。

아니요, 운동하지 않아도 됩니다.

III

1 A: 日本語(にほんご)で話(はな)さなくてもいいですか。

일본어로 말하지 않아도 됩니까?

B: いいえ、日本語(にほんご)で話(はな)さなければなりません。 아니요, 일본어로 말해야 합니다.

2 A: 履歴書を出さなくてもいいですか。
이력서를 제출하지 않아도 됩니까?
B: いいえ、履歴書は出さなければなりません。 아니요, 이력서는 제출해야 합니다.

3 A: ドアを閉めなくてもいいですか。
문을 닫지 않아도 됩니까?
B: いいえ、ドアは閉めなければなりません。
아니요, 문은 닫아야 합니다.

4 A: 予約をしなくてもいいですか。
예약을 하지 않아도 됩니까?
B: いいえ、予約はしなければなりません。
아니요, 예약은 해야 합니다.

5 A: 会社に連絡しなくてもいいですか。
회사에 연락하지 않아도 됩니까?
B: いいえ、会社に連絡しなければなりません。 아니요, 회사에 연락해야 합니다.

EXERCISE

1 約束は守らなければなりません。

2 明日までに決めなければなりません。

3 試験に合格しなければなりません。

4 日本語で書かなくてもいいです。

5 そんなに緊張しなくてもいいです。

LESSON 04
まっすぐ行くと消防署があります。

LET'S TALK

I

1 あなたが行けば私も行きます。
당신이 가면 저도 가겠습니다.

2 機会があれば日本に行きたいです。
기회가 있으면 일본에 가고 싶습니다.

3 雨が降れば家にいます。
비가 오면 집에 있겠습니다.

4 天気が良ければ遊びに行きます。
날씨가 좋으면 놀러 가겠습니다.

5 時間がなければ行かなくてもいいです。
시간이 없으면 가지 않아도 됩니다.

II

1 ボタンを押すとドアが開きます。
버튼을 누르면 문이 열립니다.

2 お金を入れると切符が出ます。
돈을 넣으면 표가 나옵니다.

3 1に2を足すと3になります。
1에 2를 더하면 3이 됩니다.

4 この道をまっすぐ行くと駅があります。
이 길을 똑바로 가면 역이 있습니다.

5 勉強しないと成績が落ちます。
공부하지 않으면 성적이 떨어집니다.

6 何も食べないとやせます。
아무것도 먹지 않으면 마릅니다.

EXERCISE

1 日本語はどう勉強すればいいですか。

2 先生が行かなければ私も行きません。

3 このボタンを押すと電気がつきます。

4 2に3をかけると6になります。

5 この道をまっすぐ行くと右側にポストがあります。

LESSON 05
早く病院に行ったらどうですか。

LET'S TALK

I

1 **A:** 服を買いたいんですが…。
옷을 사고 싶습니다만….
B: 服を買うなら東大門がいいですよ。
옷을 사는 거라면 동대문이 좋아요.

2 **A:** 韓国のお土産を買いたいんですが…。
한국 특산품을 사고 싶습니다만….
B: 韓国のお土産を買うならのりがいいですよ。 한국 특산품을 사는 거라면 김이 좋아요.

3 **A:** 遊園地に行きたいんですが…。
유원지에 가고 싶습니다만….
B: 遊園地に行くならエバーランドがいいですよ。 유원지에 가는 거라면 에버랜드가 좋아요.

4 **A:** 映画を見に行きたいんですが…。
영화를 보러 가고 싶습니다만….
B: 映画を見に行くならメガボックスがいいですよ。 영화를 보러 가는 거라면 메가박스가 좋아요.

5 **A:** ソウルの夜景を見たいんですが…。
서울의 야경을 보고 싶습니다만….
B: ソウルの夜景を見るなら南山がいいですよ。 서울의 야경을 보는 거라면 남산이 좋아요.

II

1 **A:** もうすぐ仕事が終わります。
이제 곧 업무가 끝납니다.
B: 仕事が終わったら、電話してください。
업무가 끝나면 전화 주세요.

2 **A:** もうすぐ駅に着きます。
이제 곧 역에 도착합니다.
B: 駅に着いたら、連絡してください。
역에 도착하거든 연락해 주세요.

3 **A:** とても眠いです。
매우 졸립니다.
B: 眠かったら、コーヒーを飲んでください。
졸립거든 커피를 마시세요.

4 **A:** 試験も終わって暇です。
시험도 끝나고 한가합니다.
B: 暇だったら、手伝ってください。
한가하면 도와주세요.

5 **A:** とても重要な話です。
매우 중요한 이야기입니다.
B: 重要な話だったら、後で話してください。
중요한 이야기라면 나중에 이야기하세요.

III

1 **A:** コンピューターを買いたいんですが…。
컴퓨터를 사고 싶습니다만….
B: コンピューターを買いたいなら、竜山に行ったらどうですか。
컴퓨터를 사고 싶다면 용산에 가는 게 어떨까요?

2 **A:** のんびりしたいんですが…。
여유롭게 쉬고 싶습니다만….
B: のんびりしたいなら、温泉に行ったらどうですか。
여유롭게 쉬고 싶다면 온천에 가는 게 어떨까요?

3 **A:** 海に行きたいんですが…。
바다에 가고 싶습니다만….
B: 海に行きたいなら、釜山に行ったらどうですか。 바다에 가고 싶다면 부산에 가는 게 어떨까요?

4 **A:** 山に行きたいんですが…。
산에 가고 싶습니다만….
B: 山に行きたいなら、智異山に行ったらどうですか。 산에 가고 싶다면 지리산에 가는 게 어떨까요?

5 **A:** ダイエットしたいんですが…。
다이어트하고 싶습니다만….
B: ダイエットしたいなら、毎日運動したらどうですか。
다이어트하고 싶다면 매일 운동하는 게 어떨까요?

EXERCISE

1 今度の土曜日、暇なら映画を見に行きませんか。

2 東京なら行ったことがあります。

3 日本に着いたら連絡してください。

4 よくわからなかったら質問してください。

5 一度会ってみたらどうですか。

LESSON 06

山田さんはいつまで韓国にいる予定ですか。

LET'S TALK

Ⅰ

1 **A:** 今週末、何をするつもりですか。
이번 주말, 무엇을 할 생각입니까?
B: そうですね。家で休むつもりです。
글쎄요. 집에서 쉴 생각입니다.

2 **A:** 連休、何をするつもりですか。
연휴에 무엇을 할 생각입니까?
B: そうですね。旅行に行くつもりです。
글쎄요. 여행을 갈 생각입니다.

3 **A:** 夏休み、何をするつもりですか。
여름방학에 무엇을 할 생각입니까?
B: そうですね。アルバイトをするつもりです。 글쎄요. 아르바이트를 할 생각입니다.

4 **A:** 授業が終わってから、何をするつもりですか。 수업이 끝나고 나서 무엇을 할 생각입니까?
B: そうですね。お茶を飲みに行くつもりです。 글쎄요. 차를 마시러 갈 생각입니다.

5 **A:** 大学を卒業してから、何をするつもりですか。 대학을 졸업하고 나서 무엇을 할 생각입니까?
B: そうですね。大学院に進学するつもりです。 글쎄요. 대학원에 진학할 생각입니다.

Ⅱ

1 **A:** いつ結婚するつもりですか。
언제 결혼할 생각입니까?
B: 来年結婚しようと思っています。
내년에 결혼하려고 생각하고 있습니다.

2 **A:** いつ留学に行くつもりですか。
언제 유학 갈 생각입니까?
B: 再来年留学に行こうと思っています。
내후년에 유학 가려고 생각하고 있습니다.

3 **A:** いつ試験を受けるつもりですか。
언제 시험을 칠 생각입니까?
B: 今年試験を受けようと思っています。
올해 시험을 치려고 생각하고 있습니다.

4 **A:** いつ引越すつもりですか。
언제 이사할 생각입니까?
B: 再来月引越そうと思っています。
다다음 달에 이사하려고 생각하고 있습니다.

Ⅲ

1 **A:** 何のために日本語を勉強しているんですか。 무엇 때문에 일본어를 공부하고 있습니까?
B: 日本へ旅行に行くために日本語を勉強しています。
일본에 여행 가기 위해 일본어를 공부하고 있습니다.

2 **A:** 何のために日本語を勉強しているんですか。
B: ネイティブと日本語で話すために日本語を勉強しています。
네이티브와 일본어로 말하기 위해 일본어를 공부하고 있습니다.

3 **A:** 何のために日本語を勉強しているんですか。

B: 日本へ留学に行くために日本語を勉強しています。

일본에 유학 가기 위해 일본어를 공부하고 있습니다.

4 **A:** 何のために日本語を勉強しているんですか。

B: 就職のために日本語を勉強しています。

취직을 위해 일본어를 공부하고 있습니다.

EXERCISE

1 日本へ留学に行くつもりです。

2 旅行するためにアルバイトをするつもりです。

3 彼女とは二度と会わないつもりです。

4 来週日本へ出張に行く予定です。

5 来月から運動を始めようと思っています。

LESSON 07

今にも雨が降り出しそうですね。

LET'S TALK

I

1 **A:** Bさん、知っていますか。

B 씨, 알고 있습니까?

B: え、何ですか。 예? 뭐죠?

A: 天気予報によると明日は雨だそうです。

일기예보에 따르면 내일은 비가 온다고 합니다.

2 **A:** Bさん、知っていますか。

B: え、何ですか。

A: 新聞によると物価が上がるそうです。

신문에 따르면 물가가 오른다고 합니다.

3 **A:** Bさん、知っていますか。

B: え、何ですか。

A: 雑誌によると今年はこのファッションが流行るそうです。

잡지에 따르면 올해는 이 패션이 유행한다고 합니다.

4 **A:** Bさん、知っていますか。

B: え、何ですか。

A: ニュースによると来年も不景気が続くそうです。

뉴스에 따르면 내년에도 불경기가 계속된다고 합니다.

5 **A:** Bさん、知っていますか。

B: え、何ですか。

A: 姜さんの話によると学生時代とても人気があったそうです。

강 씨의 이야기에 따르면 학창 시절 매우 인기가 있었다고 합니다.

II

1 シャツのボタンが取れそうですよ。

셔츠 단추가 떨어질 것 같아요.

2 キムチが本当に辛そうですよ。

김치가 정말 매울 것 같아요.

3 家が倒れそうですよ。

집이 무너질 것 같아요.

4 ケーキがおいしそうですよ。

케이크가 맛있을 것 같아요.

5 くつがはきやすそうですよ。

구두가 신기 편할 것 같아요.

EXERCISE

1 天気予報によると、今年の冬は暖かいそうです。

2 先生の説明は本当に分かりやすいそうです。

3 彼女は高そうなアクセサリーをしています。

4 なるべく日本語で話すようにしてください。

5 パスポートを忘れないように注意してください。

LESSON 08
山田さんはたぶん長生きするでしょう。

LET'S TALK

Ⅰ

1 **A:** 姜さんが遅いですね。
강 씨가 늦는군요.
B: そうですね。残業があるかもしれません。
그렇군요. 야근이 있는지도 모르겠습니다.

2 **A:** 山田さんが嬉しそうですね。
야마다 씨가 즐거워하는 것 같아요.
B: そうですね。デートがあるかもしれません。 그렇군요. 데이트가 있는지도 모르겠습니다.

3 **A:** 田中さんが寂しそうですね。
다나카 씨가 외로워하는 것 같아요.
B: そうですね。失恋したかもしれません。
그렇군요. 실연했는지도 모르겠습니다.

4 **A:** ナさんが悲しそうですね。
나 씨가 슬퍼하는 것 같아요.
B: そうですね。試験に落ちたかもしれません。 그렇군요. 시험에 떨어졌는지도 모르겠습니다.

Ⅱ

1 **A:** 先生はどんな料理が好きでしょうか。
선생님은 어떤 요리를 좋아하나요?
B: そうですね。たぶん日本料理が好きでしょう。 글쎄요. 아마 일본 요리를 좋아할 거예요.

2 **A:** 中村さんはパーティーに来るでしょうか。
나카무라 씨는 파티에 올까요?
B: そうですね。たぶん来ないでしょう。
글쎄요. 아마 오지 않을 거예요.

3 **A:** 今年の試験は難しいでしょうか。
올해 시험은 어려울까요?
B: そうですね。たぶんかなり難しいでしょう。 글쎄요. 아마 꽤 어려울 거예요.

4 **A:** 今頃、日本に着いたでしょうか。
지금쯤 일본에 도착했을까요?
B: そうですね。たぶんもう着いたでしょう。
글쎄요. 아마 이미 도착했을 거예요.

5 **A:** あの人は誰でしょうか。
저 사람은 누구죠?
B: そうですね。たぶん姜さんの友達でしょう。 글쎄요. 아마 강 씨 친구일 거예요.

Ⅲ

1 **A:** 彼女は今年就職するでしょう。
그녀는 올해 취직하겠지요?
B: いいえ、彼女が今年就職するはずがないです。
아니요, 그녀가 올해 취직할 리가 없습니다.

2 **A:** 山田さんはナさんと結婚するでしょう。
야마다 씨는 나 씨와 결혼하겠지요?
B: いいえ、山田さんがナさんと結婚するはずがないです。
아니요, 야마다 씨가 나 씨와 결혼할 리가 없습니다.

3 **A:** 今、山田さんはお酒を飲んでいるでしょう。 지금 야마다 씨는 술을 마시고 있겠지요?
B: いいえ、山田さんがお酒を飲んでいるはずがないです。
아니요, 야마다 씨가 술을 마시고 있을 리가 없습니다.

4 **A:** 金さんは来年会社を辞めるでしょう。
김 씨는 내년에 회사를 그만두겠지요?
B: いいえ、金さんが来年会社を辞めるはずがないです。
아니요, 김 씨가 내년에 회사를 그만둘 리가 없습니다.

5 **A:** あの映画は面白いでしょう。
저 영화는 재미있겠죠?
B: いいえ、あの映画が面白いはずがないです。 아니요, 저 영화가 재미있을 리가 없습니다.

EXERCISE

1 先生は大変喜ぶでしょう。

2 今頃友達とお酒を飲んでいるでしょう。

3 明日は休みだから暇でしょう。

4 会議に少し遅れるかもしれません。

5 彼女が知らないはずがないです。

LESSON 09
何メートルぐらい泳げますか。

LET'S TALK

Ⅰ

1 いつでも海外へ行くことができます。
언제라도 해외에 갈 수 있습니다.
⇒いつでも海外へ行けます。

2 郵便局で特産物を買うことができます。
우체국에서 특산물을 살 수 있습니다.
⇒郵便局で特産物が買えます。

3 コンビニで小包を送ることができます。
편의점에서 소포를 보낼 수 있습니다.
⇒コンビニで小包が送れます。

4 この漢字は難しくて読むことができません。
이 한자는 어려워서 읽을 수 없습니다.
⇒この漢字は難しくて読めません。

5 サイズが小さくて着ることができません。
사이즈가 작아 입을 수 없습니다.
⇒サイズが小さくて着られません。

Ⅱ

1 **A:** ギターが弾けますか。 기타를 칠 수 있습니까?
B: はい、弾けます。 예, 칠 수 있습니다.

2 **A:** 自転車に乗れますか。 자전거를 탈 수 있습니까?
B: はい、乗れます。 예, 탈 수 있습니다.

3 **A:** 日本語で説明できますか。
일본어로 설명할 수 있습니까?
B: いいえ、できません。 아니요, 못합니다.

Ⅲ

1 10分前、授業が始まりました。
10분 전에 수업이 시작되었습니다.
⇒10分前、授業が始まったばかりです。
10분 전에 수업이 막 시작되었습니다.

2 今朝からジョギングを始めました。
오늘 아침부터 조깅을 시작했습니다.
⇒今朝からジョギングを始めたばかりです。
오늘 아침부터 조깅을 막 시작했습니다.

3 昨日、店をオープンしました。
어제 가게를 오픈했습니다.
⇒昨日、店をオープンしたばかりです。
어제 막 가게를 오픈했습니다.

4 一週間前、就職しました。
일주일 전에 취직했습니다.
⇒一週間前、就職したばかりです。
일주일 전에 막 취직했습니다.

5 先月、開業しました。 지난달 개업했습니다.
⇒先月、開業したばかりです。
지난달 막 개업했습니다.

EXERCISE

1 ケータイで送金できます。

2 ここには駐車できません。

3 内容が多くて全部覚えられません。

4 この前買ったばかりのカメラです。

5 日本語の勉強を始めたばかりで、まだ下手です。

LESSON 10

新入社員の中にすごい人がいるらしいですよ。

LET'S TALK

I

1 A: 彼、とてもうれしそうですね。
그 남자, 굉장히 즐거워 보이네요.
B: 明日から一週間海外旅行に行くらしいです。 내일부터 일주일간 해외여행을 가는 듯합니다.

2 A: 彼女、とてもうれしそうですね。
그 여자, 굉장히 즐거워 보이네요.
B: 試験に受かったらしいです。
시험에 합격한 듯합니다.

3 A: あの店はいつも混んでいますね。
저 가게는 항상 붐비네요.
B: 料理がとてもおいしいらしいです。
요리가 매우 맛있는 것 같습니다.

4 A: 彼、元気ないですね。
그 사람, 기운이 없어 보여요.
B: 両親のことが心配らしいです。
부모님이 걱정되는 듯합니다.

5 A: あの人は誰ですか。
저 사람은 누구입니까?
B: 金さんの恋人らしいです。
김 씨의 애인인 것 같습니다.

II

1 A: 具合いはどうですか。
몸은 어떻습니까?
B: そうですね。ちょっと熱があるようです。
글쎄요. 열이 좀 있는 것 같습니다.

2 A: 味はどうですか。
맛은 어떻습니까?
B: そうですね。ちょっと辛いようです。
글쎄요. 조금 매운 것 같습니다.

3 A: この服はどうですか。
이 옷은 어떻습니까?
B: そうですね。ちょっと派手なようです。
글쎄요. 조금 화려한 듯합니다.

4 A: あの人は誰ですか。
저 사람은 누구입니까?
B: そうですね。大学時代の友達のようです。
글쎄요. 대학시절 친구인 듯합니다.

III

1 わあ〜、まるで雪のように肌が白いですね。
와~, 마치 눈처럼 피부가 하얗군요.

2 わあ〜、まるで歌手のように歌が上手ですね。 와~, 마치 가수처럼 노래를 잘 부르네요.

3 わあ〜、まるで砂糖のように甘いですね。
와~, 꼭 설탕처럼 달군요.

4 わあ〜、まるで俳優のようにハンサムですね。 와~, 마치 배우처럼 잘생겼네요.

5 わあ〜、まるで人形のようにかわいいですね。 와~, 꼭 인형처럼 귀엽네요.

EXERCISE

1 この頃日本で韓国のドラマが人気があるらしいです。

2 この歌は日本でも有名らしいです。

3 このキムチがもっと辛いようです。

4 彼女はまるでモデルのようにきれいです。

5 まるでおもちゃのようなカメラです。

LESSON 11

いろいろなお寿司が回っていますね。

LET'S TALK

Ⅰ

1 ノートに名前を書きました。
노트에 이름을 썼습니다.
⇒ノートに名前が書いてあります。
노트에 이름이 적혀 있습니다.

2 コーヒーに砂糖を入れました。
커피에 설탕을 넣었습니다.
⇒コーヒーに砂糖が入れてあります。
커피에 설탕이 들어 있습니다.

3 ドアにカギをかけました。
문에 열쇠를 채웠습니다.
⇒ドアにカギがかけてあります。
문에 열쇠가 채워져 있습니다.

4 レストランの予約をしました。
레스토랑을 예약했습니다.
⇒レストランの予約がしてあります。
레스토랑이 예약되어 있습니다.

5 窓を開けました。 창문을 열었습니다.
⇒窓が開けてあります。 창문이 열려 있습니다.

Ⅱ

1 A: 電気はついていますか。
불은 켜져 있습니까?
B: はい、電気はつけてあります。
예, 불은 켜져 있습니다.

2 A: 窓は閉まっていますか。
창문은 닫혀 있습니까?
B: はい、窓は閉めてあります。
예, 창문은 닫혀 있습니다.

3 A: 絵はかかっていますか。
그림은 걸려 있습니까?
B: はい、絵はかけてあります。
예, 그림은 걸려 있습니다.

4 A: テレビは消えていますか。
텔레비전은 꺼져 있습니까?
B: はい、テレビは消してあります。
예, 텔레비전은 꺼져 있습니다.

5 A: 机の上に本は出ていますか。
책상 위에 책은 나와 있습니까?
B: はい、本は出してあります。
예, 책은 나와 있습니다.

EXERCISE

1 着物を一度着てみたいです。

2 家の前に車が止めてあります。

3 きれいに掃除してあります。

4 机の上に手紙が置いてあります。

5 今音楽を聞いているところです。

LESSON 12

お母様にさしあげる誕生日プレゼントですか。

LET'S TALK

Ⅰ

1 A: 誕生日のプレゼントに誰から何をもらいましたか。 생일 선물로 누구에게 무엇을 받았습니까?
B: 私は父に時計をもらいました。
저는 아버지에게 시계를 받았습니다.

2 A: 誕生日のプレゼントに誰から何をもらいましたか。
B: 私は母にかばんをもらいました。
저는 어머니에게 가방을 받았습니다.

3 A: 誕生日のプレゼントに誰から何をもらいましたか。

B: 私は恋人に指輪をもらいました。

저는 애인에게 반지를 받았습니다.

4 A: 誕生日のプレゼントに誰から何をもらいましたか。

B: 私は親友に化粧品をもらいました。

저는 친한 친구에게 화장품을 받았습니다.

5 A: 誕生日のプレゼントに誰から何をもらいましたか。

B: 私は先生に辞書をいただきました。

저는 선생님에게 사전을 받았습니다.

Ⅱ

1 中村さんは山田さんに何をもらいましたか。

나카무라 씨는 야마다 씨로부터 무엇을 받았습니까?

⇒中村さんは山田さんにハンカチをもらいました。

나카무라 씨는 야마다 씨로부터 손수건을 받았습니다.

2 山田さんは金さんに何をもらいましたか。

야마다 씨는 김 씨로부터 무엇을 받았습니까?

⇒山田さんは金さんに財布をもらいました。

야마다 씨는 김 씨로부터 지갑을 받았습니다.

3 山田さんは金さんに何をあげましたか。

야마다 씨는 김 씨에게 무엇을 주었습니까?

⇒山田さんは金さんに商品券をあげました。

야마다 씨는 김 씨에게 상품권을 주었습니다.

4 金さんは中村さんに何をあげましたか。

김 씨는 나카무라 씨에게 무엇을 주었습니까?

⇒金さんは中村さんにデジカメをあげました。 김 씨는 나카무라 씨에게 디지털카메라를 주었습니다.

Ⅲ

1 先生は妹さんに何をしてくださいましたか。

선생님은 여동생에게 무엇을 해 주셨습니까?

⇒先生は妹に本を買ってくださいました。

선생님은 여동생에게 책을 사 주셨습니다.

2 あなたは先生に何をしていただきましたか。

선생님은 당신에게 무엇을 해 주셨습니까?

⇒私は先生に日本語を教えていただきました。 선생님은 저에게 일본어를 가르쳐 주셨습니다.

3 あなたはお兄さんに何をしてあげましたか。

당신은 형에게 무엇을 해 주었습니까?

⇒私は兄に料理を作ってあげました。

저는 형에게 요리를 만들어 주었습니다.

4 あなたは妹さんに何をしてあげましたか。

당신은 여동생에게 무엇을 해 주었습니까?

⇒私は妹に宿題を手伝ってやりました。

저는 여동생의 숙제를 도와주었습니다.

EXERCISE

1 友達に誕生日プレゼントをもらいました。

2 弟に日本の歌を教えてやりました。

3 友達のレポートを書いてあげました。

4 山田さんに友達を紹介してもらいました。

5 先生は日本語の辞書を選んでくださいました。

LESSON 13

普通どんな教育を受けさせますか。

LET'S TALK

Ⅰ

1 少しずつ漢字を覚えてください。

조금씩 한자를 외워 주세요.

⇒先生は学生に少しずつ漢字を覚えさせます。 선생님은 학생에게 조금씩 한자를 가르칩니다.

2 声に出して教科書を読んでください。

소리 내어 교과서를 읽어 주세요.

⇒先生は学生に声に出して教科書を読ませます。 선생님은 학생에게 소리 내어 책을 읽게 합니다.

3 欠席の理由を説明してください。
결석한 이유를 설명해 주세요.
⇒先生は学生に欠席の理由を説明させます。
선생님은 학생에게 결석한 이유를 설명하게 합니다.

4 質問に答えてください。 질문에 대답해 주세요.
⇒先生は学生に質問に答えさせます。
선생님은 학생에게 질문에 대답하게 합니다.

5 レポートを出してください。
리포트를 제출해 주세요.
⇒先生は学生にレポートを出させます。
선생님은 학생에게 리포트를 제출하게 합니다.

Ⅱ

1 熱があるので、病院に行かせていただけませんか。 열이 있으므로, 병원에 가게 해 주시지 않겠습니까?

2 自信があるので、やらせていただけませんか。 자신 있으니 시켜 주시지 않겠습니까?

3 急用ができたので、早く帰らせていただけませんか。
급한 일이 생겼으므로, 일찍 돌아가게 해 주시지 않겠습니까?

4 よく分からない部分があるので、質問させていただけませんか。
잘 모르는 부분이 있는데, 질문해도 되겠습니까?

5 初対面なので、自己紹介させていただけませんか。 첫 대면이므로, 자기소개를 해도 되겠습니까?

EXERCISE

1 笑わせたり泣かせたりします。

2 日本語で書かせたり話させたりします。

3 家に早く帰らせてください。

4 ここで働かせてください。

5 今日は早く帰らせていただけませんか。

LESSON 14

ご両親に叱られても仕方がないですね。

LET'S TALK

Ⅰ

1 この製品は多くの人々が使っています。
이 제품은 많은 사람들에 사용하고 있습니다.
⇒この製品は多くの人々に使われています。
이 제품은 많은 사람들에게 사용되고 있습니다.

2 このデザインはデパートでたくさん売っています。 이 디자인은 백화점에서 많이 팔고 있습니다.
⇒このデザインはデパートでたくさん売られています。
이 디자인은 백화점에서 많이 팔리고 있습니다.

3 このアパートは10年前に建てました。
이 아파트는 10년 전에 지었습니다.
⇒このアパートは10年前に建てられました。 이 아파트는 10년 전에 지어졌습니다.

4 有名な絵を展示しています。
유명한 그림을 전시하고 있습니다.
⇒有名な絵が展示されています。
유명한 그림이 전시되어 있습니다.

5 この部品は日本から輸入しています。
이 부품은 일본에서 수입하고 있습니다.
⇒この部品は日本から輸入されています。
이 부품은 일본에서 수입되고 있습니다.

Ⅱ

1 **A:** どうしたんですか。元気がないですね。
무슨 일 있어요? 힘이 없어 보여요.
B: 電車の中ですりに財布をすられたんです。
전철 안에서 지갑을 소매치기 당했거든요.

2 **A:** どうしたんですか。元気がないですね。
B: 恋人にふられたんです。 애인에게 차였거든요.

3 A: どうしたんですか。元気がないですね。

B: 両親に結婚を反対されたんです。

부모님이 결혼을 반대하셨거든요.

III

1 A: どうしたんですか。 무슨 일 있어요?

B: 一晩中赤ちゃんに泣かれて疲れているんです。 밤새도록 아기가 울어서 피곤하거든요.

A: それは大変ですね。 힘드시겠네요.

2 A: どうしたんですか。

B: 夜中間違い電話に起されて寝られなかったんです。

한밤중에 잘못 걸린 전화에 깨서 잠을 못 잤거든요.

A: それは大変ですね。

3 A: どうしたんですか。

B: 急に同僚に会社を辞められて困っているんです。 갑자기 동료가 회사를 그만두어서 곤란하거든요.

A: それは大変ですね。

EXERCISE

1 試験中携帯電話の利用は禁止されています。

2 バスの中ですりに財布をすられました。

3 友達に宿題を頼まれました。

4 私は先生に注意されました。

5 彼は妻に死なれて悲しんでいます。

LESSON 15

部長に残業を押しつけられてしまいました。

LET'S TALK

I

医者は金さんにタバコを止めさせました。

의사는 김 씨에게 담배를 끊게 했습니다.

⇒金さんは医者にタバコを止めさせられました。 김 씨는 의사로부터 담배를 끊도록 지시받았습니다.

2 先輩は後輩にお酒を飲ませました。

선배는 후배에게 술을 먹였습니다.

⇒後輩は先輩にお酒を飲ませられました。

후배는 선배 때문에 술을 먹었습니다.

3 先生は学生にレポートを書かせました。

선생님은 학생에게 리포트를 쓰게 했습니다.

⇒学生は先生にレポートを書かせられました。 학생은 선생님에게서 리포트를 쓰도록 지시받았습니다.

4 部長は金さんにかばんを持たせました。

부장님은 김 씨에게 가방을 들게 했습니다.

⇒金さんは部長にかばんを持たせられました。 김 씨는 부장님의 가방을 들게 되었습니다.

5 社長は秘書にコーヒーを入れさせました。

사장님은 비서에게 커피를 타게 했습니다.

⇒秘書は社長にコーヒーを入れさせられました。 비서는 사장님이 시켜서 커피를 타야 했습니다.

II

1 A: 何かいやなことをさせられましたか。

무슨 기분 나쁜 일을 당했습니까?

B: はい、社長に1時間も待たせられました。

예, 사장님 때문에 한 시간이나 기다렸습니다.

2 A: 何かいやなことをさせられましたか。

B: はい、家内に家の掃除をさせられました。

예, 집사람이 집안 청소를 시켰습니다.

3 A: 何かいやなことをさせられましたか。

B: はい、子供に宿題を手伝わせられました。

예, 아이 숙제를 도와주어야 했습니다.

Ⅲ

1 弟はいつもテレビを見ています。

남동생은 항상 텔레비전을 봅니다.

⇒弟はテレビを見てばかりいます。/ 弟はテレビばかり見ています。

남동생은 텔레비전만 보고 있습니다.

2 彼はいつも音楽を聞いています。

그는 항상 음악을 듣고 있습니다.

⇒彼は音楽を聞いてばかりいます。/ 彼は音楽ばかり聞いています。

그는 음악만 듣고 있습니다.

3 彼はいつもマンガを読んでいます。

그는 언제나 만화를 봅니다.

⇒彼はマンガを読んでばかりいます。/ 彼はマンガばかり読んでいます。

그는 만화만 보고 있습니다.

4 彼女はいつもショッピングをしています。

그녀는 언제나 쇼핑을 합니다.

⇒彼女はショッピングをしてばかりいます。/ 彼女はショッピングばかりしています。

그녀는 쇼핑만 하고 있습니다.

EXERCISE

1 子供はお母さんに薬を飲ませられました。

2 先生に荷物を持たせられました。

3 友達にうそをつかせられました。

4 週末には家でごろごろしてばかりいます。

5 彼女は泣いてばかりいました。

LESSON 16

今回の書類をファックスでお送り致しました。

LET'S TALK

Ⅰ

1 何時に帰りますか。 몇 시에 돌아갑니까?

⇒何時にお帰りになりますか。

몇 시에 돌아가십니까?

2 何を食べますか。 무엇을 먹습니까?

⇒何を召し上がりますか。 무엇을 드십니까?

3 何を読みますか。 무엇을 읽습니까?

⇒何をお読みになりますか。 무엇을 읽으십니까?

4 いつ家にいますか。 언제 집에 있습니까?

⇒いつお宅にいらっしゃいますか。

언제 댁에 계십니까?

5 ニュースを聞きましたか。 뉴스를 들었습니까?

⇒ニュースをお聞きになりましたか。

뉴스를 들으셨습니까?

Ⅱ

1 ここに座ってください。 여기에 앉으십시오.

⇒こちらにお座りください。 여기에 앉아 주십시오.

2 これを使ってください。 이것을 사용하십시오.

⇒これをお使いください。 이것을 사용해 주십시오.

3 こっちを見てください。 이쪽을 보십시오.

⇒こちらをご覧ください。 이쪽을 봐 주십시오.

4 お茶を飲んでください。 차를 드십시오.

⇒お茶をお飲みください。 차를 들어 주십시오.

5 説明してください。 설명해 주십시오.

⇒ご説明(せつめい)なさってください。/
ご説明(せつめい)ください。 설명을 부탁드립니다.

Ⅲ

1 ペンを貸(か)します。 펜을 빌려줍니다.

⇒ペンをお貸(か)しします。/
ペンをお貸(か)し致(いた)します。 펜을 빌려 드리겠습니다.

2 荷物(にもつ)を持(も)ちます。 짐을 듭니다.

⇒荷物(にもつ)をお持(も)ちします。/
荷物(にもつ)をお持(も)ち致(いた)します。 짐을 들어 드리겠습니다.

3 タクシーを呼(よ)びます。 택시를 부릅니다.

⇒タクシーをお呼(よ)びします。/
タクシーをお呼(よ)び致(いた)します。
택시를 불러 드리겠습니다.

4 日程(にってい)を知(し)らせます。 일정을 알립니다.

⇒日程(にってい)をお知(し)らせします。/
日程(にってい)をお知(し)らせ致(いた)します。
일정을 알려 드리겠습니다.

5 書類(しょるい)を送(おく)ります。 서류를 보냅니다.

⇒書類(しょるい)をお送(おく)りします。/
書類(しょるい)をお送(おく)り致(いた)します。
서류를 보내 드리겠습니다.

EXERCISE

1 先生(せんせい)は本(ほん)をお読(よ)みになっています。

2 あの映画(えいが)をご覧(らん)になりましたか。

3 ここにお名前(なまえ)をお書(か)きになってください。/
お書(か)きください。

4 駅(えき)の前(まえ)でお待(ま)ちしております。

5 今日(きょう)書類(しょるい)を拝見(はいけん)しました。/
拝見(はいけん)いたしました。